독자의 1초를 아껴주는 정성!

•

세상이 아무리 바쁘게 돌아가더라도
책까지 아무렇게나 빨리 만들 수는 없습니다.
인스턴트 식품 같은 책보다는
오래 익힌 술이나 장맛이 밴 책을 만들고 싶습니다.
길벗이지톡은 독자여러분이 우리를 믿는다고 할 때 가장 행복합니다.
나를 아껴주는 어학도서, 길벗이지톡의 책을 만나보십시오.

독자의 1초를 아껴주는 정성을 만나보십시오.

미리 책을 읽고 따라해본 2만 베타테스터 여러분과 무따기 체험단, 길벗스쿨 엄마 2% 기획단,
시나공 평가단, 토익 배틀, 대학생 기자단까지!
믿을 수 있는 책을 함께 만들어주신 독자 여러분께 감사드립니다.

(주)도서출판 길벗   www.gilbut.co.kr
길벗 이지톡   www.gilbut.co.kr
길벗 스쿨   www.gilbutschool.co.kr

말투·문화·라이프까지, 미국 감성 풀장착

쉐리의
리얼 미국
영어 수업

쉐리의 리얼 미국 영어 수업

초판 1쇄 발행 · 2025년 10월 20일

지은이 · 임채연
발행인 · 이종원
발행처 · (주)도서출판 길벗
브랜드 · 길벗이지톡
출판사 등록일 · 1990년 12월 24일
주소 · 서울시 마포구 월드컵로 10길 56 (서교동)
대표전화 · 02) 332-0931 | **팩스** · 02) 323-0586
홈페이지 · www.gilbut.co.kr | **이메일** · eztok@gilbut.co.kr

기획 및 책임편집 · 임명진(jinny4u@gilbut.co.kr), 김대훈 | **제작** · 이준호, 이진혁
마케팅 · 차명환, 장봉석, 최소영 | **유통혁신** · 한준희 | **영업관리** · 김명자, 심선숙 | **독자지원** · 윤정아

교정교열 · 강윤혜 | **조판** · 이현해 | **녹음 및 편집** · 와이알미디어
디자인 · 황애라 | **CTP 출력 및 인쇄** · 예림인쇄 | **제본** · 신정제본

- 길벗이지톡은 (주)도서출판 길벗의 성인어학서 출판 브랜드입니다.
- 이 책은 저작권법의 보호를 받는 저작물로 이 책에 실린 모든 내용, 디자인, 이미지, 편집 구성은
  허락 없이 복제하거나 다른 매체에 옮겨 실을 수 없습니다.
- 인공지능(AI) 기술 또는 시스템을 훈련하기 위해 이 책의 전체 내용은 물론 일부 문장도 사용하는 것을 금지합니다.
- 잘못 만든 책은 구입한 서점에서 바꿔 드립니다.
- 책 내용에 대한 문의는 길벗 홈페이지(www.gilbut.co.kr) 고객센터에 올려 주세요.

© 임채연, 2025
ISBN 979-11-407-1239-7 03740 (길벗 도서번호 301198)
정가 22,000원

독자의 1초를 아껴주는 정성 길벗출판사

(주)도서출판 길벗 | IT단행본, 성인어학, 교과서, 수험서, 경제경영, 교양, 자녀교육, 취미실용 www.gilbut.co.kr
길벗스쿨 | 국어학습, 수학학습, 주니어어학, 어린이단행본, 학습단행본 www.gilbutschool.co.kr

유튜브 · @GILBUTEZTOK | **인스타그램** · gilbut_eztok | **네이버포스트** · gilbuteztok

말투·문화·라이프까지, 미국 감성 풀장착

쉐리의

REAL

리얼 미국

쉐리(임채연)
지음

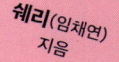

영어 수업

#LOVE #PARTY
#FOOD #SHOP
#BEAUTY #SNS
#FITNESS

Dear Readers,

이 책, "영어책" 맞습니다!
- 연애, 쇼핑, SNS… 쇼츠에 다 못 담은 요즘 미국 & 리얼 현지 영어

정석으로 영어를 배우고 싶다면… 이 책은 추천하지 않습니다.
하지만!

- 진짜 미국 가서 써먹을 수 있는 영어가 궁금하다면
- 교과서엔 없는 요즘 미국 애들 말투가 알고 싶다면
- 새로운 언어를 배우는 재미를 느끼고 싶다면
- MZ식, 요즘식, 찐 미국식 영어가 궁금하다면

그렇다면, 지금 바로 1장을 펼쳐도 좋아요.

안녕하세요, 쉐리입니다.
저는 미국에서 10년 넘게 유학하고 생활한 경험을 바탕으로,
틱톡·유튜브·인스타그램에서 미국의 최신 문화와 영어를 전하는
콘텐츠 크리에이터예요.

영상을 게시하다 보면 자주 듣는 질문이 있어요.
"미국 애들 진짜 이렇게 말해요?"
"이건 어떤 분위기에서 쓰는 말이에요?"

댓글로는 늘 부족했어요.
더 깊고, 더 정확하게—맥락까지 담아 전하고 싶었습니다.
그 마음으로 이 책을 쓰게 되었어요.
이건 단순히 단어를 모아둔 책이 아니에요.

지금 미국에서 실제로 쓰이는 말들,
그 말이 언제, 왜, 어떤 감정으로 나오는지를
문화와 분위기까지 함께 담았습니다.

연애, 쇼핑, SNS, 뷰티, 파티, 운동, 음식까지—
미국 20대가 실제로 말하고, 공유하고, 반응하는 표현들을
그 말이 어디서 나왔는지, 어떤 느낌으로 들리는지까지 풀어봤어요.

새로운 언어를 배울 땐, 재미가 붙어야 더 잘 외워지고 오래 기억되잖아요?
그래서 이 책은 '공부'보단 '경험'에 가까운 책이 되길 바랐어요.
흥미롭게 읽고, 자연스럽게 익힐 수 있도록
주제를 고르고 정리하는 데 가장 많은 고민을 담았습니다.

영상에서 다 못했던 이야기들,
댓글로는 설명이 아쉬웠던 표현들,
"이거 진짜 써도 되는 말이에요?"라는 질문에
이젠 책으로 답해 드릴 수 있어 기쁩니다.

단어보다 더 넓은 세계, 말투와 문화까지—
이 책이 그 감각의 시작이 되기를 바랍니다.

쉐리 임채연 드림

sherry

What They're Saying

"이건 반칙이야!"

김아란
Aran TV/아란잉글리시 대표

미국에서 10년은 살아야 알 수 있는, 아니 평생 살아도 이렇게까지는 정리 못할 정보를 한 권에 담다니! 진짜 미국맛이 느껴지는 영어 표현부터 상상초월 이모티콘 사용법까지, 미국 문화와 언어, 그리고 감정을 알려줍니다. 미국 영어를 배우고 싶은데 단 한 권만 읽을 수 있다면? 바로 이 책을 보세요!

"한눈에 들어오는 영어들, 너무 신기해요."

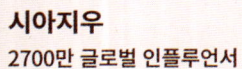

시아지우
2700만 글로벌 인플루언서

평소 해외 팬들과 소통하고 싶어 최근 영어를 배우기 시작했는데, 실제로 배우는 문법만으로는 너무 딱딱한 소통이 이어지더라고요. 그런데 쉐리 쌤 영어책은 진짜 요즘 MZ들이 온·오프라인에서 어떻게 말하는지를 재미있게 잘 알려줘서 대화하기 조금 편한 요즘 영어를 배우는 것 같아요. 앞으로 팬들과도 소통을 자연스럽게 할 수 있을 것 같아 좋아요!

"성공한 삶의 핵심은 결국 '소통'이다."

이소라
Kurated Agency·Hustle & Heart 대표 /
전 넷플릭스·메타·틱톡 마케팅 & 전략 임원 / 《너라는 브랜드를 마케팅하라》 저자

미국이라는 거대한 사회에서 단순히 '버티는' 것이 아니라, 주류 속에서 '잘 살아가는' 사람들의 공통점은 문화적 이해와 센스 있는 소통에 있다. 이 책은 쉐리라는, 연애·일·인간관계 모두 능숙한 저자가 미국식 문화 뉘앙스 속에서 어떻게 살아남는지가 아닌, 어떻게 빛나게 사는지를 담았다. 연애, 친구 사귀는 법, 술게임, MZ세대의 말투와 업계별 표현까지—생활 속 모든 장면이 살아 있다. 단순한 영어 표현집이 아니라, 그 말 뒤에 숨은 맥락과 분위기까지 풀어내는 점이 인상적이다. 미국에서 자연스럽고 센스 있게 소통하고 싶다면, 이 책은 선택이 아니라 필수다.

"영어, 데일리 루틴처럼 즐기세요."

심으뜸
260만 운동 크리에이터

쉐리의 영어는 재미있어요! 내용도 귀에 쏙쏙 들어오고, 주제도 재밌어서 지루할 틈이 없더라고요. 이 책은 쉐리만의 영어 철학과 매력을 잘 담아낸 책이라, 데일리 운동 루틴처럼 부담없이 꾸준히 읽기 좋아요. 영어를 루틴처럼 즐기고 싶은 분들께 꼭 추천드려요!

Contents

Part 1　　　Love

썸부터 고백까지, 연애로 익히는 감정 표현과 말 센스

- 썸부터 연애까지: 사랑의 단계별 탐구　**17**
- 스킨십과 연애 진도　**31**
- 달달 오글 영어 애칭 14　**39**
- 심쿵? 아니고 심란… 고백 거절 표현　**46**
- 온라인 데이팅 Dating Online　**48**
- 플러팅 멘트 Pick-Up Line　**56**
- 싱글과 관련된 표현들　**63**

Part 2 Party

홈파티에서 페스티벌까지, 미국 파티와 술 문화

- 미국에 홈파티가 많은 이유! **69**
- 홈파티에서 바로 쓰는 영어 **74**
- 그래, 이 맛이야! 홈파티 소울푸드 **81**
- 이거 모르면 노잼! 파티 술게임 **87**
- 다양한 술 이름과 그 유래 **93**
- Drink Responsibly! 미국 술자리 에티켓 **100**
- 원샷부터 꽐라까지! 미국 술자리 표현 모음 **103**
- 1년 내내 파티 중?! 미국의 대표 파티 달력 **111**
- Rave 문화와 EDM 페스티벌 **115**
- 여긴 꼭 가봐야 해! 미국 페스티벌 Top 4 **119**
- 영화 아니고 실화! 졸업무도회 PROM **122**

Part 3 Style

패션과 쇼핑으로 배우는 취향과 선택의 언어

- 맨투맨이 영어로? 패션 아이템 진짜 명칭 **129**
- 요즘 미국 스타일은? 핫한 패션 스타일 & 브랜드 **133**

- 시크해, 힙해, 부티나! 스타일별 영어 표현 **141**
- 패션만큼 센스 넘치는 스타일 칭찬 표현 **150**
- 블프, 아울렛, 빈티지 미국 쇼핑 공간 탐방 **155**
- 얼마예요? 세일해요? 쇼핑할 때 쓸 만한 영어 **158**
- 지름신? 득템? 재미있는 쇼핑 표현 **169**
- 인스타에서 봤어? 미국 MZ 인기 브랜드 **174**

Part 4　　　Beauty

메이크업부터 스킨케어까지, 뷰티로 익히는 현지 영어 감각

- 선크림이 영어로? 뷰티 제품 진짜 명칭 **181**
- 스킨케어부터 메이크업까지 Beauty 영어 표현 **184**
- 외모 변화와 뷰티 스타일 관련 표현 **199**
- 요즘 인기 있는 메이크업/뷰티 트렌드 **202**
- 얼평처럼 들리지 않게! 메이크업 칭찬 표현 **208**
- 뷰티 제품 어디서 살까? 핫한 미국 브랜드 & 매장 **216**
- 내게 딱 맞는 화장품을 찾아서! 뷰티 매장에서 쓸 만한 영어 **221**

Part 5 Social

SNS 말투부터 최신 슬랭·이모지까지, 요즘 미국식 소통법

- Gen Z & Gen Alpha 최신 영어슬랭 **233**
- SNS에서 자주 쓰는 영어채팅 줄임말 **246**
- 채팅에 생동감을! 요즘 즐겨 쓰는 미국 이모지 **255**

Part 6 Health

운동, 다이어트, 건강까지—미국식 자기관리 표현 총정리

- 꼭 알아야 할 미국 헬스장 필수 표현 **265**
- 미국 헬스장에서 통하는 슬랭 표현 모음 **272**
- 미국 헬스장에서 들을 수 있는 대화들 **282**
- 요즘 미국에서 유행하는 다이어트 **291**

Part 7 Foodie
음식 취향부터 맛 표현까지, 입맛 돋우는 미국 음식 문화

- 꼭 먹어봐야 할 미국 지역별 먹킷 리스트 **299**
- 겉바속촉? 쫀득쫀득? 맛과 식감 영어로 표현하기 **309**
- 음식과 관련된 속담/표현들 FOOD IDIOMS **317**
- 미국 식당에서 원어민처럼 말해보기 **325**
- 미국 VS 한국 음식 문화 차이 **340**

Bonus | Survival | 쉐리의 현지 생존 가이드

- 나랑 잘 맞는 학교 고르는 꿀팁 **348**
- 인터뷰 & 자기소개서 잘 적는 법 **351**
- 미국 도착! 초기 준비 & 세팅 **355**
- 학교 생활 & 친구 사귀기 꿀팁 **358**
- 듣기만 하면 손해! 수업 참여법 **361**
- 과제와 협업, 이렇게 버텼어요 **364**
- 미국은 샐러드볼?! 문화적 다양성 적응 **368**
- 혼자 있는 시간, 외롭지 않게 보내는 법 **371**

Part 1

**썸부터 고백까지,
연애로 익히는 감정 표현과 말 센스**

썸, 연애 진도, 고백 멘트, 애칭까지—
미국인들은 어떻게 썸 타고, 어떤 말로 고백하고,
애칭은 또 얼마나 귀엽고 오글거릴까요?

리얼하고 현실감 넘치는 Love Life를 통해
자연스럽고 센스 있는 감정 표현을 배워보세요.

#썸타는영어 #고백멘트 #애칭모음 #감정표현 #연애회화 #미국식소통

썸부터 연애까지:
사랑의 단계별 탐구

🔊 1-01.mp3

연애를 하다 보면 첫 만남, 썸, 연애, 결혼 등 다양한 과정과 단계를 거치게 되죠? 미국에서는 이 다양한 연애 단계들을 어떻게 부르는지, 또 다소 충격적일 수 있는(?) 관계들도 함께 소개하려고 하니 기대해 주세요.

우선, 첫 만남부터 본격적 연애까지의 과정을 단계별로 정리해 봤어요.

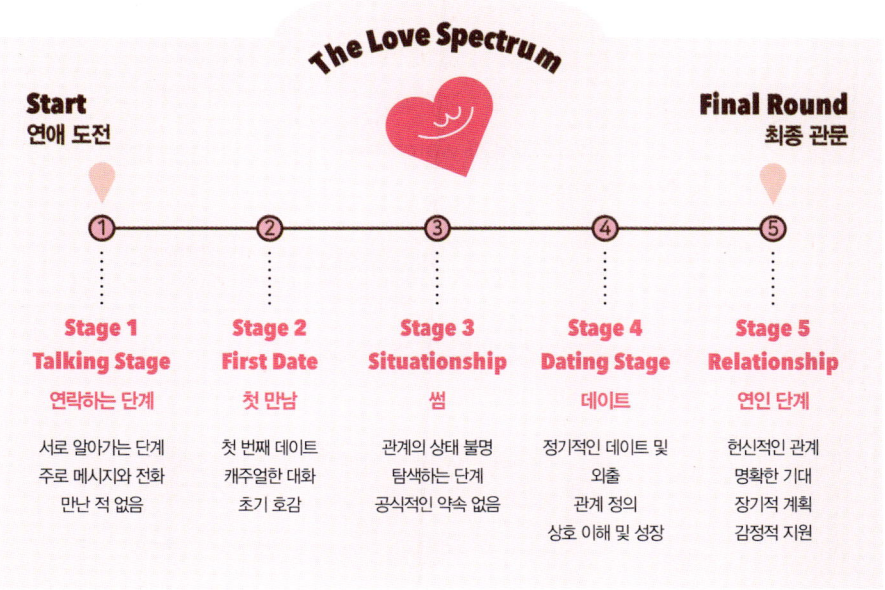

Part 1. Love

Stage 1) **Talking Stage** 연락하는 단계

talk이 '말하다'라는 뜻이잖아요? 그래서 talking stage는 말하는 단계, 즉 문자나 전화로 상대방과 연락을 주고받으며 서로를 알아가는 시기를 말해요. 주로 첫 만남이나 데이트 전에 상대에 대해 관심을 키워가는 단계죠. 대화가 잘 통하고 호감이 생기면, 그다음은 직접 만나서 더 알아가는 first date 약속으로 이어질 수 있겠죠?

하지만 연락 단계에서부터 삐걱댄다면…? No first date.

【 Talking Stage의 MZ스타일 문자 티키타카 】

> Hey! How's your day going?

> Hey! Pretty chill, just got back from the gym. You?

> Just finished binge-watching a Netflix series.

> Nice, which one?

> Stranger Things. It was so good! Have you seen it?

> No, not yet, but can't wait to hear about it in person!

😊 안녕! 오늘 뭐 하고 지냈어?

😊 안녕! 방금 헬스 갔다 와서 좀 쉬고 있었어. 넌?

😊 방금 넷플릭스 드라마 하나 몰아서 봤어.

😊 오, 좋은데. 뭐 봤어?

😊 〈기묘한 이야기〉 봤는데 진짜 재밌더라! 본 적 있어?

😊 아니, 아직. 얼른 만나서 얘기 듣고 싶다!

참고로 첫 데이트 후에도 상대와 대화만 주로 나눈다면 여전히 talking stage에 머물 수 있어요. 스킨십 없이 그냥 만나서 대화 나누고 데이트하면 그건 talking stage입니다. 하지만 서로에 대한 감정이 더 깊어지고, 자연스럽게 만남이 이어지면 Stage 3 또는 4로 이어지게 되죠.

Stage 2 〉 **First Date** 첫 만남

드디어 설레는 첫 데이트!
미국에서도 첫 데이트 장소로 카페, 맛집, 바를 많이 찾습니다. 특히 공원에서 만나는 경우도 많은데요. 아무래도 미국은 땅이 넓고 한적한 공원이 많아, 커피나 아이스크림을 들고 산책하며 대화를 나누고 데이트를 즐기는 사람들을 자주 볼 수 있어요. 뉴욕의 Central Park 센트럴 파크나 샌디에이고의 Balboa Park 발보아 파크에서의 첫 데이트, 상상만 해도 설레지 않나요?

first date 장소로 마땅한 곳이 떠오르지 않는다면, 구글에 where to take someone on a first date 첫 데이트 장소 추천라고 검색해 보세요. 미국에서는 특히 Google Maps 구글맵을 많이 사용하니, 데이트 장소를 찾거나 근처 맛집을 알아볼 때도 유용합니다.

- **best restaurants near me** 근처 인기 맛집
- **romantic restaurants near me** 근처 로맨틱 레스토랑
- **top-rated cafes near me** 근처 평점이 높은 카페
- **best sushi restaurants near me** 가까운 스시 맛집
- **Italian restaurants nearby** 근처 이탈리안 레스토랑

【 First Date에서 나눌 수 있는 대화 】

😊 Ever been to Balboa Park before?

😊 Yeah, a few times. You?

😊 First time. It's so nice here.

😊 Totally. Ice cream makes it even better.

😊 발보아 파크 와본 적 있어요?
😊 네, 몇 번 와봤어요. 당신은요?
😊 처음이에요. 여기 진짜 좋네요.
😊 완전요. 아이스크림까지 먹으면 더 좋죠.

그런데 첫 데이트에서 어떤 얘기를 나눌지 막막하다고요? 걱정 마세요. Questions to ask on a First Date 첫 데이트 질문 리스트를 준비했거든요!

【 First Date 질문 리스트 】

What do you do for fun?	취미가 뭐예요?
What's your favorite meal?	최애 음식은 뭐예요?
What's your favorite movie of all time?	최애 영화는 뭐예요?
What kind of music do you like?	음악 취향이 어떻게 되세요?
Do you have a celebrity crush?	좋아하는 연예인 있어요?
Do you have any pets?	반려동물 키우세요?
Have you traveled anywhere interesting lately?	최근에 재미있게 다녀온 여행지가 있나요?
What are your biggest pet peeves?	평소 제일 거슬리는 게 뭐예요?

* **pet peeves** (밥 먹을 때 음식 씹는 소리라든가, 화장실 변기뚜껑을 덮어놓지 않는 등과 같이) 완전 큰 문제는 아닌데 개인적으로 엄청 거슬리고 신경 쓰이는 것들

Stage 3) **Situationship** 썸

첫 데이트 후 상대가 마음에 들어서 여러 번 데이트multiple dates하다 보면, '내가 이 사람을 정말 좋아하는 걸까?', '우리 지금 무슨 사이인 거지?' 같은 복잡한 생각이 들 수 있어요. 그건 아마 situationship 단계에 있어서 그럴 거예요.

situationship은 미국 MZ세대가 자주 사용하는 신조어로, situation상황과 relationship관계을 합쳐 만든 말이에요. 한마디로 '썸 타는 관계'를 뜻하죠. 친구 이상, 연인 미만의 상태—서로 호감은 있지만 관계를 명확히 정의하지 않은 애매한 사이를 situationship이라고 불러요.

☺ So are you guys together now?
☺ No… I'm stuck in a situationship.

☺ 그래서 둘이 이제 사귀는 거야?
☺ 아니… 아직 썸 타는 관계에서 나아가질 못하고 있어.

situationship에 대해 얘기할 때면 stuck갇힌이란 표현이 함께 쓰이는 경우가 많아요. 썸에서 연인으로 발전하고 싶지만, 관계가 제자리걸음일 때 느끼는 답답함을 표현하는 말이죠. 또 I have a thing with someone이라는 표현도 자주 등장하는데요, 여기서 have a thing은 '뭔가 있다', 즉 "나 지금 (누구)랑 썸 타"라는 의미예요.

I **have a thing** with Noah.
나 노아랑 썸 타는 중이야.

I **have a thing** with her/him.
나 걔랑 뭔가 있어.

이런 말도 자주 써요.

We **have a thing** going on.
우리 사이, 뭔가 있어. / 우리 썸 타는 중이야.

with 대신 I have a thing for ~ 하면 '나 ~를 좋아해' 또는 '짝사랑 중이야' 라는 의미로 쓰여요. 누군가에게 특별한 감정이 있다는 뉘앙스죠.

I **have a thing for** this girl in my class.
나 우리반에 마음 가는 여자애가 있어.

I **have a thing for** my colleague/co-worker.
나 직장 동료한테 호감 있어.

Stage 4) **Dating Stage** 데이트 (연인 전 단계)

talking stage 이후, 연인 관계로 발전하기 전의 중간 단계를 말합니다. 이 시기에는 situationship 썸 관계도 포함돼요. situationship보다 더 포괄적인 개념으로 이해하면 됩니다.

【 Dating Stage에서 나누는 대화 】

☺ Hey! Last night was fun.

☻ Yeah, I had a great time with you.

☺ Do you want to meet up again soon?

☻ Yeah, for sure! When are you free?

☺ How about this weekend?

☻ Works for me! Do you want to check out that restaurant you mentioned earlier?

☺ Yes, I would love to!

☻ Perfect! See you soon then.

☺ 안녕! 어젯밤 재밌었어.

☻ 응, 너랑 너무 좋은 시간 보냈어.

☺ 조만간 또 만날래?

☻ 응, 좋아! 언제 시간 돼?

☺ 이번 주말 어때?

☻ 난 좋아! 저번에 네가 말한 그 식당 한번 가볼까?

☺ 완전 좋지!

☻ 좋아! 그럼 곧 보자.

Stage 5) Relationship 연인 단계

이쯤 되면 '대체 연애는 언제?'라는 생각이 들 거예요. 자, 이제 final 단계입니다. 드디어 서로를 연인이라 부를 수 있는 시점이에요.

'연인 단계'는 영어로 relationship이에요. relationship은 단순히 '관계'라는 뜻도 있지만, 연애 상황에서 연인 관계를 뜻해요.

하지만 연애라고 모두가 다 같은 방식의 연애를 하는 게 아닌 것처럼 relationship에도 다양한 종류가 있답니다! (아, 연애는 왜 이렇게 복잡한 거죠?)

◆ Casual Relationship

말 그대로 캐주얼한, 가벼운 관계입니다. 너무 진지하지 않고 부담없는, 상대도 나도 동시에 다른 사람과 데이트를 해도 전혀 이상하지 않을 non-committed 책임감 없는 관계예요.

◆ Casual but Exclusive Relationship

exclusive는 '독점적인'이라는 뜻이에요. 그런데 '캐주얼한데 독점적인 관계'라니 무슨 말이냐고요? casual but exclusive relationship은 연인 단계만큼 진지하진 않지만, 서로에게만 집중하며 데이트를 하는 관계를 뜻해요. 조금 덜 부담스러운 마음으로 단 둘만의 만남을 이어가는 사이예요.

◆ Exclusive Relationship

직역하면 '독점적인 관계'로, casual relationship보다는 진지하게 서로만을 만나지만 아직 연인 사이는 아닌 경우를 의미해요. 어쩌면 썸 단계를 말하는 situationship이란 단어가 이 관계를 더 잘 설명해줄 수 있겠네요!

◆ Committed Relationship

진지하고 책임감 있는 연애 관계를 의미해요. exclusive relationship에서 한 단계 더 발전해, 서로 장기적인 계획을 함께 그려가는 사이를 말하죠. 이 단계에서는 서로를 연인(남자친구나 여자친구)이라고 부르기도 하는데, 관계를 어떻게 정의하느냐는 커플마다 다를 수 있어요.

◆ Official Relationship

직역하면 '공식적인 관계'인데, 우리가 보통 떠올리는 '연인 관계'가 바로 official relationship이에요. 이때는 서로를 확실히 남자친구/여자친구라고 당당하게 부를 수 있답니다! (물론, 모든 커플이 이 호칭을 꼭 사용하는 건 아니에요.)

◆ Open Relationship

서로를 애인으로 두고 있으면서도, 합의 하에 다른 사람과 데이트하거나 감정적·신체적 친밀감을 나눌 수 있는 관계를 말해요.
open relationship과 관련된 영어 표현들도 함께 소개할게요.

monogamous 한 명의 짝/파트너만 있는 관계
non-monogamous 다수의 성적 또는 낭만적인 유대감을 형성하는 관계
polyamorous 여러 사람을 동시에 사랑하는 다애적인 관계

◆ Toxic Relationship

toxic은 '독성의'라는 뜻인데, 모든 관계가 좋을 수 없잖아요. toxic relationship은 서로를 힘들게 하거나 해를 끼치는 관계를 의미해요. 만약 본인이 이런 관계에 있다면, 주변에서 이렇게 말할지도 몰라요.

> You need to leave[get out of] that **toxic relationship**.
> 그런 문제 있는 관계에서 어서 벗어나야 해.

연애 감정 없이 친밀한 관계를 맺는 경우도 있어요. 연인 사이는 아니지만, 서로의 필요에 따라 육체적인 친밀감을 나누는 관계도 존재하죠. 이런 상황을 나타내는 영어 표현 몇 가지를 함께 알아볼게요.

Friends with Benefits (FWB)

friends with benefits(줄여서 FWB)를 직역하면 '이득을 주는 친구'라는 뜻이에요. 여기서 말하는 '이득'은 육체적인 관계를 의미할 수 있어요. FWB는 연애 감정은 없지만, 서로 편안한 관계 속에서 신체적인 친밀감을 나누는 사이를 말합니다.

영어에서 sexual partner는 다소 딱딱하게 들릴 수 있어서, 대신 friends with benefits, casual relationship, 또는 f-buddy 같은 구어적 표현들이 사용돼요. 다만 이런 표현들은 문화적 맥락이나 상황에 따라 해석이 달라질 수 있으니 주의해서 사용해야 해요.

◆ make out

'키스하다' 또는 '가벼운 스킨십을 나누다'는 뜻이에요. "We kissed."라고 말할 수도 있지만, 일상 영어에서는 made out이라는 표현이 더 자연스럽게 쓰일 수 있어요.

> We **made out** last night.
> 우리 어젯밤에 키스했어. * **made out** make out의 과거형

◆ hook up

hook up은 문맥에 따라 다양한 뜻을 가질 수 있어요. 가볍게 만나거나 키스하거나, 때로는 성적인 관계를 의미하기도 해요. 반드시 성적인 의미만 갖는 건 아닙니다.

> We **hooked up** but didn't have sex.
> 우리 약간 스킨십은 있었지만, 관계까지 가진 건 아니야.

> Let's **hook up** for lunch tomorrow.
> 내일 점심 같이 먹자.

◆ booty call

booty는 '엉덩이'라는 뜻 외에, 구어체에서는 친밀하거나 성적인 맥락으로 자주 쓰여요. booty call은 보통 늦은 밤, 친밀한 관계를 전제로 만남을 제안하는 연락을 말해요. 우리말로는 '즉흥적인 만남' 정도로 표현할 수 있지만, (표현의 수위나 맥락상) 영어 고유의 뉘앙스를 그대로 옮기긴 어렵습니다. 또한, 이와 관련된 내용을 문자로 주고받는 건 sexting이라고 해요. 요즘 SNS나 미디어를 통해 이런 표현을 접할 기회가 늘고 있지만, 상대가 불편하지 않도록 예의를 지키는 태도가 무엇보다 중요하다는 점, 꼭 기억해 주세요.

I got a **booty call** at 3:00 am.
새벽 3시에 만나자는 연락이 왔어.

◆ no strings attached (NSA)

no strings attached는 줄여서 NSA라고도 해요. 직역하면 '줄이 붙어 있지 않다'는 뜻인데, 의미상으로는 '감정적 책임 없이 자유롭게 만나는 관계'를 말해요. 보통은 friends with benefits와 비슷한 개념으로 사용되죠.

We decided to keep things casual and have **no strings attached**.
우린 그냥 가볍게, 감정 없이 만나기로 했어.

이 표현들은 영어권 문화에서 실제로 사용되는 표현들이지만, 상대에 따라 불쾌감을 줄 수도 있고 오해의 소지가 있으므로 반드시 맥락과 분위기를 파악한 뒤 사용하는 것이 중요해요.

Snuggle/Cuddle Buddies

snuggle이나 cuddle은 '껴안다'는 뜻인데요. 부모가 아가를 부비부비하며 폭 껴안아줄 때, 혹은 반려동물을 꼭 껴안아줄 때의 감정이나 분위기를 떠올려 보세요. 그저 순수하게 아가나 반려동물에 대한 사랑과 애정, 포근함을 가득 담은 포옹 그 자체이죠.

snuggle/cuddle이 연인이나 가까운 사이에서 쓰일 때도 마찬가지로 성적인 의도 없이 그저 너무 사랑스러워 애정을 듬뿍 담아 껴안는 모습을 나타냅니다. 여기에 '친구'를 뜻하는 buddies(buddy의 복수형)를 붙여 snuggle buddies 혹은 cuddle buddies라고 하면 플라토닉한 관계로, 신체적 애정과 정서적 편안함을 함께 나누는 관계를 의미해요. 예컨대, 긴 하루를 마치고 집으로 돌아와 snuggle buddy와 함께 소파에서 넷플릭스를 보면서 꼭 끌어안고, 서로의 온기와 편안함을 즐기는 상황을 떠올릴 수 있겠죠.

스킨십과 연애 진도

🔊 1-02.mp3

사랑하면 역시 스킨십, 빠질 수 없죠? 그런데 여러분, 우리가 자주 쓰는 '스킨십 skinship'이라는 말이 사실 콩글리시라는 거, 알고 계셨나요?

영어에서는 skinship 대신 physical affection이라는 표현을 씁니다. physical 육체적인 + affection 애정, 즉 신체적으로 애정을 표현하는 것이라는 의미예요.

우리가 말하는 '스킨십'을 영어로 자연스럽게 표현하려면 physical affection, 또는 affectionate touch 같은 표현을 쓰면 됩니다.

야구로 표현하는 affection 단계?

재미있는 건, 미국에서는 연인 사이의 애정 표현 단계를 야구 경기의 진루 Base에 빗대어 말하곤 해요. 이건 공식적인 기준이라기보다는 친한 사이에서 농담처럼 쓰는 문화적 표현이고, 세대나 사람에 따라 의미가 달라질 수 있어요. (맥락에 따라 민감하게 받아들여질 수 있으니 사용에는 주의가 필요해요!)

예를 들어 이런 식이에요.

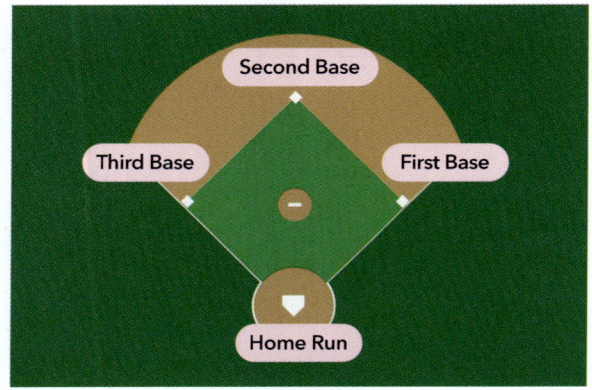

First Base 키스
Second Base 가벼운 애정 표현 (포옹, 쓰다듬기 등)
Third Base 보다 깊은 신체적 접촉
Home Run 성적인 관계

보통은 home run(또는 fourth base)이라는 표현보다, go all the way처럼 완곡하게 표현하는 경우가 많아요.

이런 표현들은 친한 친구들 사이에서 농담처럼 쓰이기도 하고, 영화나 드라마에서도 이따금 접할 수 있는데요. 우리도 그렇지만, 영어권 문화에서도 이런 주제에 대해 직설적인 표현은 피하는 경우가 많고, 분위기나 친밀도에 따라 신중하게 사용하는 것이 예의랍니다.

스킨십과 터치에 관한 표현

① touchy

touchy는 원래 '예민한, 민감한'이라는 뜻이지만, 상황에 따라 '스킨십이 많은'이라는 의미로도 쓰입니다. 친근한 애정 표현으로 가벼운 포옹, 팔짱, 어깨를 두드리는 등 비교적 부드럽고 긍정적인 뉘앙스를 가지죠. 다른 사람을 자주 만지거나 손을 대는 경우, 특히 스킨십이 과하거나 불필요하게 많은 경우에는 handsy라는 표현을 씁니다. 동의 없이 과한 터치는 불쾌하게 여겨질 수 있으니 주의하세요.

They've always been a **touchy** couple.
쟤네 원래 스킨십 많은 커플이잖아. (친근하고 자연스러운 애정 표현)

▶ handsy couple이라고 하면 주위에서 부담을 느낄 정도로 '스킨십이 과한 커플'을 의미해요.

② PDA

PDA는 Public Display of Affection의 줄임말로, '공공장소에서의 애정 표현'을 의미합니다. 적당한 PDA는 귀여울 수 있지만, 과하면 주변 사람에게 불편함을 줄 수도 있어요.

Guys, this is too much **PDA**.
얘들아, 너네 공공장소에서 애정 표현 너무 과해.

I'm not a fan of **PDA**.
나 공공장소에서 애정 표현하는 거 안 좋아해.

③ **lovey-dovey**

'애정 표현이 많은 커플'을 묘사할 때 쓰는 표현이에요. 서로를 꼭 껴안고 꿀 떨어지는 눈빛을 주고받을 때처럼, 보기에도 다정한 모습이 지나치게 느껴질 때 사용할 수 있어요.

They're so **lovey-dovey**; it's almost annoying!
쟤네 너무 애정이 넘쳐서 살짝 당황스러울 정도야!

미국에서는 고백을 어떻게 할까?

【 데이트 신청 표현 】

Do you want to grab a coffee together?   나랑 커피 마시러 갈래?

Would you like to go for a drink?   술 한잔 하러 갈래?

Do you want to catch a movie later?   나중에 나랑 영화 보러 갈래?

Do you want to go out for dinner sometime?
    시간 될 때 나랑 저녁 먹으러 갈래?

Would you like to go on a picnic with me this weekend?
    이번 주말에 나랑 피크닉 갈래?

Do you want to go bowling together sometime?
    언제 같이 볼링 치러 갈래?

미국에서는 "나랑 사귈래?"처럼 바로 고백하기보다, 이처럼 구체적인 데이트를 제안하며 자연스럽게 마음을 표현하는 방식이 더 일반적이에요. 이럴 때 쓰는 표현이 바로 ask out이죠. 단순히 '질문하다'는 의미가 아니라, He asked me out yesterday. 걔가 어제 나한테 데이트 신청했어. 처럼, 누군가에게 데이트를 제안하다는 뜻이에요.

관계가 발전한 후, 고백하는 방법

【 마음을 고백하는 표현 】

I have feelings for you.	나 너 좋아해. / 나 너한테 마음 있어.
I think we'd make a great couple.	우리 정말 잘 어울리는 거 같아.
Will you go out with me?	나랑 사귈래?
Would you like to be my boyfriend/girlfriend?	내 남자친구/여자친구 할래?
Do you want to make things official?	우리 공식적으로 사귈래?

데이트를 이어가며 서로에 대한 감정이 깊어졌을 때는, 이런 표현들로 자연스럽게 마음을 고백하거나, 서로의 감정을 확인할 수 있어요. 직접적인 질문보다, 상대의 반응을 살피며 편하게 건네는 게 더 자연스럽게 받아들여지기도 해요.

연애 여부 자연스럽게 묻기

상대방이 마음에 들 때, 지금 연애 중인지 슬쩍 확인하고 싶을 때가 있죠? 미국에서도 부담없이 가볍게 물어볼 수 있는 표현들을 자주 사용해요.

Are you seeing anyone?
혹시 만나는 사람 있어요?

see someone ~를 만나고 있다은 연애 초기 단계에서, 상대방과 공식 커플은 아니지만 친밀하게 만나고 있는 상태를 말합니다.

① 간단 명료한 대답

↳ Yes, I am.   네, 있어요.

↳ Yes, I am currently seeing someone.   네, 요즘 만나는 사람 있어요.

↳ No, I'm not.   아니요, 없어요.

↳ No, I'm currently single.   아니요, 요즘은 없어요.

② 좀더 디테일한 대답

↳ Yes, I have a girlfriend/boyfriend.   네, 저 여친/남친 있어요.

↳ Yes, I've been seeing someone for a couple of months now.
                                                  네, 이제 만난 지 두어 개월 정도 됐어요.

↳ No, not at the moment.   아니요, 지금 당장은 없어요.

③ 만약 관심 있는 상대라면?

↳ No, are you? 없는데요, 그쪽은요?

↳ No, why do you ask? Interested? 없어요. 왜요? 관심 있어요?

↳ No, but I'd like to be. 없는데, 있으면 좋겠네요.

 Do you have a girlfriend/boyfriend?
여친/남친 있어요?

조금 더 직접적으로 연애 여부를 묻고 싶을 때 사용하는 표현입니다.

↳ Yes, I do. 네, 있어요.

↳ Yes, I have a girlfriend/boyfriend. 네, 여친/남친 있어요.

↳ No, I don't. 아니요, 없어요.

↳ No, I'm single. 아니요, 솔로예요.

Are you currently in a relationship?
혹시 지금 연애 중이세요?

조금 더 포괄적이고 공손한 느낌을 주는 질문입니다. 상대방이 연애 중인지 전체적인 상황을 부드럽게 확인하고 싶을 때 쓰죠.

↳ Yes, I'm currently in a relationship. 　　 네, 지금 연애 중이에요.

↳ No, I'm not. 　　 아니오.

↳ No, not right now. 　　 아뇨, 지금은 아니에요.

 Are you with anyone/someone?
사귀는 사람 있어요?

be with someone은 약간 덜 공식적이고 부드러운 뉘앙스를 주는 표현입니다. 공식 커플 여부와 관계없이, 친밀한 파트너가 있는지를 자연스럽게 물을 수 있어요.

↳ Yes, I'm with someone. 　　 네, 애인 있어요.

↳ No, not at the moment. 　　 아뇨, 현재는 없어요.

달달 오글
영어 애칭 14

🔊 1-03.mp3

연애를 하다 보면 이름 대신 "자기야", "여보", "애기", "내 사랑" 같은 애칭으로 부르게 되죠? 영어에도 이런 귀엽고 다정한 애칭이 가득하답니다. 그런데 말이죠… 부르는 순간 손발이 오그라드는 건 국적을 초월하는 법인가 봐요. 영어권에서 연인들이 즐겨 쓰는 애칭을 소개합니다. 가족이나 친구 사이에서 사용할 수 있는 표현들도 많으니 참고해 보세요! (지금부터 닭살 or 심쿵 준비되셨죠? ☺)

① angel

'천사'처럼 소중하고 사랑스러운 사람을 부를 때 쓰는 표현이에요. 연인 사이에서뿐만 아니라 부모가 자식한테도 종종 쓰는 애칭이죠. 누군가를 정말 귀엽고 특별하게 느낄 때 이 단어만큼 달콤한 표현이 없죠. You're my angel!이란 말 속에 '넌 내 천사야! 넌 정말 내게 소중한 사람이야!'라는 마음이 잘 녹아 있겠죠?

Good morning, **angel**. 잘 잤니, 천사야.

I love you my baby **angel**. 내 아기천사야, 사랑해.

· Part 1. Love ·

② **baby/babe**

'자기'처럼 흔히 쓰이는 애칭 중 하나예요! 우리말의 '자기'나 '애기' 정도의 의미로, 주로 젊은 커플들이 많이 사용하죠. 남녀 상관없이 다 쓰일 수 있고, 애정 어린 대화에 자주 등장하는 표현이랍니다.

I missed you, **baby**. 자기야, 보고 싶었어.

I can't wait to see you, **babe**. 자기야, 빨리 보고 싶어.

③ **bae**

bae는 baby의 줄임말로 알려져 있지만, Before Anyone Else 내 최고 우선순위라는 뜻으로도 쓰여요. 연인뿐만 아니라 좋아하는 음식이나 물건에도 사용할 수 있어요. 한마디로 '최애'를 뜻하는 MZ세대 표현이죠.

You're my **bae**. 넌 내 최애야. (나에게 가장 소중한 사람이야.)

Hawaiian pizza is **bae**. 하와이안 피자는 내 최애야.

④ **cutie**

귀여운 사람을 부를 때 쓰는 말로, 우리말 '귀요미'나 '귀염둥이'에 가까워요. 가끔 cutie pie처럼도 쓰이는데, pie는 특별한 뜻 없이 라임을 맞춰 더 귀엽게 들리게 하는 표현이에요.

You're such a **cutie**. 이런 귀요미 같으니라고.

Thanks for being there for me, **cutie pie**. 항상 내 곁에 있어줘서 고마워, 귀염둥이야.

⑤ darling

darling은 연인뿐 아니라 처음 만난 사람에게도 친근하게 쓸 수 있어요. 예를 들어, 나이 든 종업원이 어린 손님에게 darling이라고 부르기도 하죠. 단, 주의할 점은 이 표현이 주로 나이가 많은 사람이 어린 사람에게 쓰는 말이라는 것! 그래서 연장자에게 쓰면 어색하게 들릴 수 있어요.

> 😊 What would you like to drink, **darling**?
> 😊 Could I get water, please?

😊 얘야, 어떤 거 마시겠니?
😊 물 좀 주실 수 있을까요?

⑥ gorgeous

gorgeous는 예쁘거나 아름다운 애인에게 사용할 수 있는 표현이에요. 원래 형용사로 '아주 매력적이고 아름다운'이라는 뜻이 있지만, 애칭으로 쓰일 때는 "예쁜이"나 "예쁜아" 정도의 의미로 사용돼요. 이 표현은 주로 남자친구가 여자친구에게 사용하는 경우가 많지만, 연인 사이뿐만 아니라 여자친구들끼리도 서로 칭찬할 때 자주 쓰인답니다.

Hey, **Gorgeous**!   안녕, 예쁜아! (명사로 사용할 때)

Wow, you are so **gorgeous**!   와, 너 진짜 예쁘다! (형용사로 사용할 때)

⑦ handsome

handsome은 잘생겼다는 뜻이지만, 여자친구가 남자친구에게 쓰는 애칭으로도 사용할 수 있어요. 우리말로는 "멋쟁이" 정도로 번역할 수 있겠네요. 외모뿐만 아니라 전체적인 매력을 강조할 때도 쓸 수 있는 표현이죠. 연인 사이는 물론, 가까운 친구나 가족끼리도 칭찬의 의미로 자주 사용한답니다.

Good morning, **handsome**.   우리 멋쟁이, 잘 잤어?

Hey there, **handsome**! Ready for the big day?
거기, 멋쟁이! 오늘 중요한 날인데 준비됐어?

⑧ honey

'꿀'이라는 뜻처럼 정말 달콤한 애칭이죠? honey는 연인보다는 주로 부부 사이에서 "여보" 또는 "자기"처럼 사용하는 표현이에요.

> 😊 **Honey**, I'm home!
> 😊 Welcome back! Dinner's almost ready!

😊 여보, 나 다녀왔어!
😊 어서 와! 저녁 거의 다 됐어!

⑨ **love / my love**

love나 my love는 더 직관적인 애칭이에요. 말 그대로 '사랑' 또는 '내 사랑'을 의미하죠! 미국에서도 많이 쓰이지만, 특히 영국에서 많이 쓰인대요.

　How was your day, **love**?　　　　　　　　내 사랑, 오늘 하루 어땠어?

　Good night, **my love**.　　　　　　　　　잘 자, 내 사랑.

⑩ **pumpkin**

애칭인데 웬 호박?이라고 생각할 수 있겠지만, pumpkin은 사랑스럽고 귀여운 사람을 부를 때 쓰는 애칭이에요! 주로 귀여운 여성이나 아이에게 사용하는 표현이죠. 아까 앞에서 설명한 cutie pie처럼 pumpkin pie로도 많이 불러 귀여움을 더해준답니다.

　Come here, **pumpkin**. Let me give you a kiss!
　　　　　　　　　　　　　　　　이리 와, 귀염둥이. 뽀뽀 한번 하자!

　How's my **pumpkin pie** doing today?　　우리 귀요미 오늘 기분 어때?

⑪ **stud**

stud는 원래 번식용 수말을 뜻하지만, 잘생기고 매력적인 남성을 가리키는 슬랭으로도 자주 쓰여요. 보통 자신감 있고 체격 좋고, 섹시한 느낌의 남성에게 쓰는 표현이죠. 남자친구나 남편이 멋져 보일 때 장난스럽게 "You're such a stud!"라고 말할 수 있어요.

다만, 외모나 성적 매력을 강조하는 표현인 만큼 낯선 사람에게 쓰기엔 부담스럽거나 오해를 살 수 있어요. 친한 관계에서만 유쾌하게 사용하는 걸 추천해요.

I can't wait to see you tonight, **stud**!　　오늘밤에 우리 매력둥이 보기 너무 설렌다!

You're looking amazing, **stud**!　　오늘 정말 멋있어, 우리 매력남!

⑫ sweetheart

sweetheart는 직역하면 '달콤한 심장'이라는 뜻인데, 아끼거나 사랑하는 사람에게 쓸 수 있는 애칭이에요. sweetheart는 사실 연인보다는 부부나 가족끼리 많이 사용되고, 착한 마음씨를 가진 사람에게도 쓸 수 있어요. You are such a sweetheart!라고 하면 "너 정말 착하다!"라는 말이죠.

Thanks for breakfast, **sweetheart**.　　여보, 아침 차려줘서 고마워.

How was school, **sweetheart**?　　오늘 학교 어땠어, 우리 공주님/왕자님?

이 표현은 처음 보는 사람에게도 쓸 수 있는데, 주로 나이가 많은 사람이 어린아이나 젊은 사람에게 다정하게 말을 걸 때 사용하는 경우가 많죠.

How can I help you, **sweetheart**?　　꼬마야, 뭐 도와줄까?

⑬ nugget

치킨 너겟 좋아하시죠? nugget은 '작고 귀여운 것'을 떠올리게 해서, 작고 소중한 존재를 부를 때 쓰는 애칭이에요. '꼬마', '귀염둥이', '애기' 같은 느껌으로 연인은 물론 어린아이, 친구, 반려동물에게도 쓸 수 있어요.

How's my little **nugget** doing today?	우리 꼬마 오늘 하루는 어땠어?
Time for bed, **nugget**.	(아이에게) 귀염둥이, 잘 시간이야.
Now who's a good **nugget**?	(반려동물에게) 자, 누가 착한 아가지?

14 muffin

작고 달콤한 머핀도 귀여운 애칭으로 쓰여요. cutie, pumpkin처럼 따뜻하고 포근한 느낌을 줘서, 연인이나 가족 사이에서 자주 사용돼요. 성별 상관없이 누구에게나 쓸 수 있지만, 조금은 전통적인 표현이라 젊은 세대보다는 나이 든 연인이나 가족이 더 자주 쓰는 편이에요.

Good night, my sweet **muffin**.	잘 자, 우리 이쁜 귀염둥이.
You're my little **muffin**.	넌 내 작은 귀염둥이야.

☺ **젊은 세대가 자주 쓰는 애칭**

bae, babe, cutie, gorgeous, handsome, stud, nugget

▸ 트렌디하고 캐주얼한 느낌. SNS나 일상 대화에서 자주 사용돼요.

☺ **전통적인 느낌의 애칭**

angel, darling, honey, love, sweetheart, pumpkin, muffin

▸ 따뜻하고 정감 있는 표현으로, 가족이나 오래된 연인 사이에서 자주 쓰여요.

심쿵? 아니고 심란…
고백 거절 표현

🔊 1-04.mp3

고백을 거절할 땐 I turned him down. 내가 걔를 거절했어., He turned me down. 걔가 나를 거절했어.처럼 turn down을 자주 써요.
그럼 좀 더 구체적인 거절 표현들을 볼까요?

고백 거절 멘트 10가지

① I don't feel the same way.   난 너랑 같은 마음이 아니야.

② I don't think I'm ready for a relationship yet.   연애는 아직 자신 없어.

③ I think it's best if we just stay friends.   그냥 친구가 좋을 것 같아.

④ I don't see us in that way.   난 우리를 그런 사이로 생각하지 않아.

⑤ I'm already seeing someone.   나 이미 다른 사람 만나고 있어.

⑥ I think we want different things.   우린 서로 바라는 게 다른 것 같아.

⑦ I'm not in a place to date right now.   지금 연애할 상황이 아니야.

⑧ I think we're better off as friends.   우린 친구일 때 더 좋은 것 같아.

⑨ I need some time to think about it.   생각할 시간이 조금 더 필요해.

⑩ I don't think it would work out.   우리 잘 안 맞을 것 같아.

아, 보기만 해도 안타까움이 전달되는군요. 앗, 그런데 좀 더 생생하고 실감나는 고백 거절 상황도 궁금하다고요?

【 고백을 거절하는 대화 】

☺ Hey, I know we've been dating for a bit now. Do you want to make things official?

☺ Hey, thanks for asking, but **I think we're better off as friends**.

☺ Oh, I see... Thanks for being honest.

☺ I hope we can still be friends.

☺ Yeah, for sure. Let's stay friends.

☺ 있잖아, 우리 이제 데이트도 어느 정도 했는데 말야. 한번 진지하게 만나볼래?
☺ 물어봐줘서 고마운데, 우리 그냥 친구로 지내는 게 더 좋은 것 같아.
☺ 아, 그렇구나… 솔직하게 말해줘서 고마워.
☺ 우리 계속 친구로 지낼 수 있으면 좋겠어.
☺ 응, 물론이지. 친구로 지내자.

온라인 데이팅
Dating Online

🔊 1-05.mp3

'자만추(자연스러운 만남 추구)'로 사람을 만나기가 더 어려워진 요즘, 온라인 데이팅 문화가 예전보다 훨씬 더 자리잡고 있는데요. 그렇다면 미국에서는 어떤 온라인 데이팅 문화가 있을까요? 이번에는 미국의 온라인 데이팅 문화와 관련된 영어 표현에 대해 알아보겠습니다!

미국인들이 가장 많이 사용하는 데이팅 앱 TOP 3!

① 골라? 말아? Tinder

tinder는 영어로 '불쏘시개'를 의미하는 단어예요. 흔히 누군가에게 반할 때 눈에서 스파크가 튄다고 하잖아요? 그래서 Tinder 앱의 로고도 불꽃 모양이에요! 미국에서 Tinder는 주로 가벼운 만남이나 단기 연애를 찾는 사람들이 많이 사용하고 주 사용자는 18~30세 사이의 젊은 층이에요. 앱의 사용법도 매우 간단한데, 상대방의 프로필이 화면에 나타났을 때 마음에 들지 않으면 왼쪽으로 스와이프하여 'Nope', 마음에 들면 오른쪽으로 스와이프하여 'Like'를 선택해 매칭할 수 있어요.

② 여성이 먼저 시작하는 데이팅 앱 Bumble

bumble은 '윙윙거리다'라는 뜻인데, 로고도 벌집과 꿀벌을 연상시키는 노란색이에요. 이 앱의 가장 큰 특징은 매칭이 된 뒤 여성이 먼저 메시지를 보내야 대화가 시작된다는 점이죠. 만약 24시간 안에 여성이 메시지를 보내지 않으면 매칭이 사라져요.

Bumble은 데이트(Bumble Date)뿐 아니라 친구 찾기(Bumble BFF), 비즈니스 네트워킹(Bumble Bizz) 기능도 있어요. 주로 20~30대 사용자들이 많이 이용하며, Tinder보다 더 진지한 관계를 원하는 유저층이 많아요.

③ 진지한 관계를 찾는다면? Hinge

원래 hinge는 문이나 창문의 '경첩'을 뜻하는 단어예요. 문을 열고 닫는 역할을 하는 경첩처럼 Hinge는 사람들 사이에 새로운 관계를 이어주는 역할을 하는 앱이에요. 진지한 관계와 장기 연애를 원하는 사람들을 위해, 프로필에 사진과 함께 질문에 답하는 형식으로 더 깊이 있는 정보를 제공해요. 슬로건도 The dating app designed to be deleted 지워지기 위해 제작된 데이팅 앱으로, 진지한 만남을 강조하죠. Hinge는 주로 20대 후반에서 30대 초반이 많이 사용해요.

지금까지 미국에서 많이 사용하는 데이팅 앱 3가지를 소개해봤어요. 앱을 사용할 때는 항상 개인정보 보호와 안전에 유의하는 것, 그리고 서로에 대한 존중과 배려를 잊지 않는 것이 가장 중요해요.

온라인 데이팅에서 자주 쓰이는 영어 표현

이번에는 온라인 데이팅에서 자주 쓰이는 영어 표현들을 소개할게요. 이런 표현을 알면 더욱 자신감 있게 대화를 시작할 수 있을 거예요!

① **Sliding into DMs**

sliding into DMs는 인스타그램 같은 소셜 미디어에서 마음에 드는 사람에게 다이렉트 메시지(DM)를 보내는 것을 말하죠. 원래 slide는 '미끄러지다'라는 뜻이지만, 여기서는 자연스럽게 말을 거는 느낌으로 쓰여요.

☺ He **slid into my DMs** last night.
☺ No way! What did he say?

☺ 어젯밤에 그 사람한테서 DM 받았어.
☺ 대박! 그 사람이 뭐라고 했어?

② Ghosting

ghost라고 하면 보통 유령을 떠올리겠지만, 온라인 데이팅에서는 다른 의미로 쓰여요. 아무런 설명 없이 갑자기 연락을 끊고 사라지는 행동을 '잠수타다', 또는 '씹다'라고 하는데, 바로 이런 동사의 의미로 ghost를 쓰죠. 마치 유령처럼 흔적 없이 사라지는 모습을 비유한 거예요.

따라서 ghosting은 상대방에게 더 이상 응답하지 않고 갑자기 사라지는 행동을 말하죠. 이 표현은 주로 온라인 데이팅이나 채팅에서 상대방이 아무런 설명 없이 연락을 끊었을 때 많이 쓰입니다. 카톡 환경에서 메시지를 읽씹하는 경우도 ghosting에 해당하죠.

> 😊 She **ghosted** me all of a sudden!
> 😊 Are you sure you didn't mess something up?

😊 그 여자애가 갑자기 잠수를 탔어!
😊 너 뭐 실수한 거 아니야?

③ **Catfishing**

catfishing은 '온라인 사칭'을 의미해요. 가짜 신분이나 거짓 정보로 다른 사람을 속이는 행위를 말하죠. 소셜 미디어나 데이팅 앱에서 가짜 프로필을 만들어 상대방을 속여 감정적 또는 금전적인 이득을 취하려는 경우에 자주 사용됩니다. catfish는 이런 사칭을 하는 사람을 가리키지만, He catfished me.그 사람 온라인 사칭해서 날 속였어.처럼 그 행동 자체를 묘사할 때도 쓸 수 있어요.

😊 I just found out that the guy I've been talking to was using fake photos.

😊 Oh no, you've been **catfished**. That must suck!

😊 Yeah, I'll be more careful next time.

😊 나랑 연락하던 남자가 가짜 사진을 쓰고 있었대.
😊 와, 사칭에 딱 걸렸네. 진짜 짜증나겠다!
😊 그니까, 다음부턴 더 조심해야겠어.

④ Breadcrumbing

breadcrumbing 희망고문은 MZ세대가 요즘 자주 쓰는 슬랭이에요. breadcrumb은 '빵 부스러기'를 뜻하는데, breadcrumbing 하면 상대방에게 관심이 있는 것처럼 행동하지만, 실제로는 그렇지 않으면서 작은 관심을 조금씩 주며 희망고문을 하는 행동을 말해요. 마치 《헨젤과 그레텔》에서 빵 부스러기를 남겨 상대방이 계속 따라오게 만드는 것처럼, 상대를 끌어들이지만 진전이 없는 상황을 의미하죠.

😊 Hey, how are things going on with Alex?

🙂 Well, he texted me last night and liked a few of my Instagram posts.

😊 Oh, so are things moving forward?

🙂 Nah, I feel like he's just **breadcrumbing** me…

😊 알렉스랑 요즘 어때?
🙂 어젯밤에도 문자 오고 내 인스타그램 게시물 몇 개에 '좋아요'도 남겼어.
😊 오, 그럼 좀 진전이 있는 거야?
🙂 아니, 그냥 나 희망고문하는 것 같아…

⑤ **Orbiting**

연락이 끊겼는데도 내 인스타 스토리는 계속 본다? 게다가 스토리에 하트까지 누른다? 그럼 이건 완벽한 orbiting이죠. 마치 행성이 궤도를 돌듯이, 상대의 주위를 맴돌면서 SNS 활동을 계속 체크하고, 심지어 '좋아요'까지 남기며 상대의 마음을 들었다 놨다 하는 거죠. 연락이 끊겼는데도 내 인스타 스토리를 보고 하트까지 눌러준다? 그럼 이건 완벽한 orbiting이에요.

> ☺ We stopped talking, but he keeps liking my Instagram stories. It's so annoying.
>
> ☺ He's definitely **orbiting**. What's he even doing?

☺ 우리 이제 연락 안 하는데, 걔 자꾸 내 인스타 스토리에 '좋아요'를 눌러. 너무 짜증나.
☺ 완전 주위를 맴도는구나. 걔 도대체 뭐 하는 거야?

⑥ Thirst Trap

thirst trap은 thirst_{갈증}와 trap_덫이 합쳐진 표현이에요. 여기서 thirst는 단순히 목이 마른 갈증이 아니라, 다른 사람의 인정이나 관심에 대한 목마름을 뜻하죠. 그래서 thirst trap이라고 하면 상대방의 관심을 끌기 위해 SNS에 올리는 핫하거나 노출이 많은 사진, 자극적인 게시물을 의미해요.

😊 Have you seen John's Instagram posts lately?
😊 Yeah, he's always posting gym selfies, half-naked.
😊 Total **thirst trap**.
😊 He's doing too much.

😊 너 최근에 존이 올린 인스타 게시물들 봤어?
😊 어, 맨날 헬스장에서 상의 탈의한 셀카 올리던데?
😊 그거 완전 관심 끌려고 하는 거야.
😊 걔 너무 과해.

플러팅 멘트
Pick-Up Line

🔊 1-06.mp3

flirting은 관심 있는 사람에게 가볍게 호감을 표현하는 행동이에요. 장난스럽게 말 걸기, 번호 묻기처럼 자연스럽게 다가가는 걸 말하죠. 이럴 때 쓰는 한마디 표현이 바로 pick-up line이에요. 로맨틱하거나 살짝 장난기 섞인 말로 관심을 표현할 때 자주 쓰이죠. 예를 들어, Do you want to Netflix and chill? 나랑 넷플릭스 보면서 쉴래? 이런 표현이 대표적인 pick-up line이에요. 다만 너무 흔해서 진심이 안 느껴질 수도 있죠.
이번에는 일상에서 더 자연스럽게 쓸 수 있는 pick-up line들을 소개해 드릴게요!

일상생활에서 쓸 만한 pick-up line

플러팅에서 중요한 것은 자연스럽게 말을 거는 거죠. 가벼운 칭찬이나 친근한 질문으로 대화를 시작하는 것이 좋은 방법이 될 수 있습니다.

① **I like your [jacket]!**

[재킷] 정말 멋지네요!

▶ I like your ~로 상대방의 옷, 소지품을 칭찬하면서 대화를 시작할 수 있어요.

② **Hi, have we met before?**

안녕하세요, 혹시 우리 만난 적 있던가요?

▶ 친근하게 다가가면서 상대방이 당황하지 않도록 부드럽게 시작할 수 있죠.

③ **Hi, are you from around here?**

안녕하세요, 혹시 이 근처에 사세요?

▶ from around here로 그 지역 출신인지 물으며 장소나 지역에 관한 대화를 이어갈 수 있어요.

④ **Hi, nice weather today, isn't it?**

안녕하세요, 오늘 날씨 참 좋죠?

▶ 날씨 이야기는 언제나 대화를 시작하기 좋은 주제예요. isn't it?은 동의를 구할 때 말끝에 붙여 자주 쓰이죠.

⑤ **Hi, I see you here often.**

안녕하세요, 여기서 자주 뵙네요.

▶ 자주 마주치는 상대방과 자연스럽게 대화를 시작할 때 이 표현을 추천합니다.

⑥ **Excuse me, can you help me with directions?**

저기요, 혹시 길 좀 알려주실 수 있나요?

▶ Can you help me with ~?는 도움을 요청할 때 유용한 표현으로, 다양한 상황에서 사용 가능해요.

7 Excuse me, do you know what time it is?

저기요, 혹시 지금 몇 시인지 아세요?

▸ 시간을 묻는 것도 가볍게 무난하게 대화를 시작하기 좋죠.

8 Your dog is adorable! What's his/her name?

강아지 정말 귀엽네요! 이름이 뭐예요?

▸ adorable은 '너무 귀엽다'는 뜻으로, 칭찬할 때 자주 쓰이는 형용사예요. 상대방의 반려동물에 대한 칭찬으로 호감을 끌 수 있어요.

9 Excuse me, do you know any good restaurants around here?

저기요, 이 근처 맛집 좀 아세요?

▸ around here는 '이 근처'를 뜻하는 표현으로, 상대방에게 로컬 정보를 묻는 것도 대화를 시작하는 좋은 방법이죠.

10 Hi, I couldn't help but notice your [book]. What are you reading?

안녕하세요, [책]이 눈에 띄네요. 무슨 책 읽고 계세요?

▸ I couldn't help but notice(눈에 띄더라고요)로 상대방의 행동, 소지품 등을 언급하는 것도 관심을 표하며 대화를 이끌어낼 수 있어요.

클럽에서 쓸 만한 pick-up line

클럽이나 바에서는 가볍고 자연스럽게 말 거는 게 중요해요. 부담없이 호감을 표현할 수 있는 pick-up line을 소개할게요.

① Enjoying the music?

여기 음악 괜찮아요?

▶ Enjoying ~?(괜찮아요? 즐기고 있나요?)으로 자연스럽게 분위기를 살필 수 있어요.

② How's your drink?

그쪽 술 맛있어요?

▶ How's your ~?를 활용해 상대방의 음료/술에 대해 물어보세요.

③ Can I buy you a drink?

혹시 술 한잔 사드려도 될까요?

▶ Can I buy you ~?(제가 사드릴까요?)처럼 호의를 표하는 것도 좋은 플러팅 멘트죠.

④ Do you come here often?

여기 자주 오세요?

▶ 상대방이 자주 방문하는지, 이곳에 익숙한지 알아볼 수 있죠.

⑤ How's your night going?

오늘밤 잘 보내고 있어요?

▶ 지금 상대의 기분, 상태가 어떤지 파악하면서 말문을 열어보세요.

6 What brings you here tonight?

오늘밤 어떤 일로 여기 오셨어요?

▸ What brings you here?로 방문 이유를 물으며 대화를 시작할 수 있어요.

7 This place has a great vibe, doesn't it?

여기 분위기 좋지 않아요?

▸ vibe(분위기)로 장소에 대한 느낌을 표현하며 공감을 이끌어낼 수 있죠.

8 That's a great song. Do you like this band/group/artist?

이 노래 좋네요. 혹시 이 밴드/그룹/가수 좋아해요?

▸ 클럽이나 바에서 음악은 대화를 시작하기에 아주 적합한 주제죠. Do you like ~?(좋아하세요?)로 상대방의 취향을 물으며 대화를 이어가세요.

9 You look like you're having a good time. Mind if I join?

즐거운 시간 보내고 계신 것 같은데, 혹시 함께해도 괜찮을까요?

▸ 즐거워 보이는 상대방에게 다가가서 Mind if I ~?(제가 해도 될까요?)로 공손하게 허락을 구할 수 있어요.

10 I noticed you from across the room and just had to come say hello.

아까 저기서부터 봤는데, 꼭 인사하고 싶었어요.

▸ I just had to ~(꼭 해야만 했어요)로 자연스럽게 다가갈 이유를 표현해 보세요.

SNS/온라인 데이팅 시 pick-up line

다음 멘트들은 온라인에서만 사용했으면 합니다. 오프라인에서 사용하면 상대가 경악할 수도 있으니 비추!

① **4+4=8 but you+me=fate** 4+4=8이죠? 그쪽+저는 운명이겠네요?

▶ 간단한 수학 문제를 운명적인 만남으로 연결한 귀여운 멘트입니다.

② **I'm not a photographer, but I can picture us together.**
제가 사진 작가는 아닌데, 우리가 함께하는 모습이 그려지네요.

▶ picture us together는 우리 둘이 함께 있는 장면을 그린다는 의미로, 사진과 그림을 비유한 재치 있는 말장난이에요.

③ **Hi, my name is [Harry Potter], but you can call me tomorrow.** 안녕하세요. 제 이름은 [해리포터]예요. 하지만 내일 전화 주셔도 돼요.

▶ '이름을 부르다'와 '전화하다'라는 call의 두 의미를 활용한 재치 있는 표현이에요.

④ **Excuse me while I delete my dating apps.**
잠시만요, 데이팅 앱 좀 지우고 올게요.

▶ 당신을 만나서 더 이상 데이팅 앱이 필요없다는 유머러스한 표현이에요.

⑤ **Are you my laptop? Because you're really hot, and I'm concerned.** 혹시 제 노트북이세요? 너무 핫해서 걱정되네요.

▶ 상대방이 매력적이라 마치 내 뜨거운 노트북처럼 걱정된다는 재미있는 표현이에요.

(6) **Are you WiFi? Because I feel a connection.**

혹시 와이파이세요? 저랑 연결된 느낌이 들어서요.

▸ 와이파이 연결을 비유해 상대방과 통하는 느낌이 든다는 말장난이죠.

(7) **All the good pick-up lines are taken, but you aren't.**

좋은 작업 멘트는 이미 다 나갔지만, 당신은 아직 안 나갔네요.

▸ 역시 말장난으로, 웬만한 좋은 멘트는 이미 남들이 썼지만 당신은 아직 남아 있으니 나랑 잘될 가능성이 있다고 플러팅하는 거죠.

(8) **Excuse me, but I think you dropped something: my jaw.**

저기요, 뭔가 떨어뜨리신 것 같은데요, 바로 제 턱이요.

▸ 상대방이 너무 매력적이라 놀라 입이 떡 벌어졌다는 뜻이에요!

(9) **Are you Netflix? Because I could watch you for hours.**

혹시 이름이 '넷플릭스'세요? 몇 시간이고 보고 있을 수 있을 것 같아서요.

▸ 넷플릭스처럼 오랫동안 보고 싶다는 유머러스한 멘트죠.

(10) **You must be tired, because you've been running through my mind all day.**

정말 피곤하시겠어요. 온종일 제 머릿속을 달리고 계셨으니까요.

▸ 상대가 내 머릿속에 계속 떠오른다는 의미의 고전적인 플러팅 멘트예요.

싱글과 관련된 표현들

화려한 싱글인 분들, 계속 연애 이야기만 한다고 서운하셨다고요? 그래서 여러분을 위한 영어 표현도 준비했습니다.

① I'm single AF.

AF는 as fuck의 줄임말로 '엄청나게, 진짜' 등의 의미를 강조할 때 쓰는 표현이에요. 우리말 '존나'처럼 쓰이는 비속어이므로 아무 때나 쓰면 안 되고 친한 사이에서만 사용하세요.

I'm single AF. I need to start dating ASAP.
나 ㅈㄴ 싱글이야. 최대한 빨리 데이트 잡아야겠어.

② sick of being single

sick of ~에 질린, 지친는 무언가로 인해 힘들거나 싫증이 났을 때 쓰는 표현이에요. 권태감이나 불만족을 나타낼 때 유용하죠. 따라서 sick of being single은 '솔로 생활에 지친'이라는 의미입니다.

I'm **sick of being single**. Should I try dating apps again?
솔로 생활 지긋지긋해. 다시 데이팅 앱이나 깔아볼까?

③ **lonely and looking**

lonely and looking 외로움, (연애 상대를) 찾는 중은 연애 상대를 찾고 있는 상태를 표현할 때 쓰여요.

I'm lonely and looking for someone nice.
나 외로움. 괜찮은 사람 찾는 중이야.

④ **single and ready to mingle**

'솔로니깐 사람들 좀 만나봐야겠다'라는 뜻이에요. mingle은 사람들과 어울리는 것으로, ready to mingle은 연애할 준비가 됐다는 의미입니다.

I'm single and ready to mingle! Wanna go to a party tonight?
솔로니까 이제 사람들 좀 만나보려고! 오늘밤에 파티 갈래?

⑤ **Just me, myself, and I.**

Just me, myself, and I 나, 나 자신, 그리고 나는 혼자라는 사실을 유머러스하게 강조한 표현입니다. "그냥 나 혼자야."라는 말이죠.

> 😊 Who are you watching the movie with?
> 🙂 **Just me, myself, and I.**

😊 누구랑 영화 보고 있어?
🙂 나, 나 자신, 그리고 나! (그냥 나 혼자야.)

⑥ flying solo

flying solo의 사전적 의미는 '단독 비행하고 있는, 홀로 남게 된'인데, 보통 혼자서도 잘 지내고 있는 긍정적인 상태를 표현하는 말이에요.

> I'm **flying solo** these days, and I'm actually enjoying it.
> 요즘 혼자서도 잘 지내고 있고, 사실 꽤 즐기고 있어.

⑦ living my best life

living my best life는 최고의 인생을 보낸다는 말로, 자신의 삶에 만족하고 열심히 살아가는 모습을 표현합니다.

> I'm **living my best life** right now, focusing on my career.
> 내 일에 집중하면서 지금 최고의 인생을 보내고 있어.

⑧ me time

me time은 '나만을 위한 시간'을 뜻하며, 바쁜 일상에서 벗어나 자신에게만 집중하는 시간을 즐길 때 쓰는 표현이에요.

> I'm so happy to finally have some **me time**!
> 드디어 나만의 시간이 생겨서 너무 좋아!

⑨ loving the single life

loving the single life는 싱글 생활을 즐기고 있는 상태를 나타낸 말로, 현재의 싱글 라이프에 만족하고 있음을 표현할 때 씁니다.

I'm **loving the single life**! It's so much better than I thought.
싱글 라이프 너무 좋아! 생각보다 훨씬 괜찮네.

⑩ enjoying the freedom

enjoying the freedom은 싱글의 자유로움을 만끽하고 있는 모습을 표현할 때 쓰는 문구예요.

I'm **enjoying the freedom** of being single.
솔로의 자유를 만끽하고 있어요.

Part 2

Party

홈파티에서 페스티벌까지,
미국 파티와 술 문화

홈파티, 칵테일, 술게임, 드레스코드까지—
미국식 파티엔 초대부터 건배, 대화까지
일상 회화와 소셜 매너가 자연스럽게 녹아 있어요.

현실 파티에서 바로 통하는 말투로
자연스럽게 어울리는 대화 감각을 익혀보세요.

#홈파티영어 #술자리표현 #칵테일이름 #건배멘트 #드레스코드 #사교센스

미국에 홈파티가 많은 이유!

본론에 들어가기에 앞서 '홈파티'가 콩글리시라는 사실을 먼저 알려드리고 시작할게요. 영어로는 home party가 아니라 house party라고 합니다. 미국 드라마나 하이틴 영화에서 하우스 파티 장면을 자주 보셨을 텐데요. 그렇다면, 미국에서는 왜 이렇게 하우스 파티가 흔할까요?

① 역사적 배경 및 공공장소 금주법 (Prohibition and Public Drinking Laws)

20세기 초반, 미국에서는 술을 완전히 금지했던 '금주법 Prohibition'이 시행된 적이 있어요. 이 법은 '음료용 주류의 제조, 판매, 운송, 수입, 수출은 미국 및 모든 사법권이 미치는 영토에서 금지될 것'이라는 조항을 내세웠죠. 술을 만들거나 팔거나, 심지어 운반하는 것도 불법이었어요. 그런데 재미있는 사실은 집안에서 술을 마시는 건 허용되었다는 거예요! 그래서 사람들은 자연스럽게 집에서 술을 마시고 놀게 되었고, 이는 미국에서 하우스 파티 문화가 자리잡는 데 중요한 이유 중 하나가 되었죠.

또한, 미국에는 공공장소 음주 금지법 Open-container law 이 있어서 길거리, 공원, 차량 등 공공장소에서 술을 마시는 것이 금지되어 있어요. 물론 술집, 식당, 경기장처럼 대중에게 공개된 명목상의 사적인 공간에서는 괜찮지만, 길에서 맥주 한 캔 따고 걷는 건 불법이죠.

이러한 법은 연방법 federal law 이 아니라 주법 state law 으로, 주마다 규제가 조금씩 다를 수는 있어요. 하지만 미국에서는 한국처럼 한강에서 맥주 마시며 피크닉을 즐기는 모습은 상상하기 어렵답니다. 그래서 사람들은 주로 펍이나 클럽에 가거나, 아니면 술을 사서 집에서 하우스 파티를 열어 즐기는 경우가 많아요.

☺ Why can't we drink outside in the U.S.?
☺ It's because of the open-container law. Drinking is only allowed in private spaces.

☺ 미국에서는 왜 밖에서 술을 못 마셔?
☺ 공공장소 음주 금지법 때문이야. 술은 개인 공간에서만 마실 수 있어.

② 문화적 요인 (Cultural Factors)

미국의 넓은 주택과 마당도 하우스 파티 문화에 한몫했죠! 미국은 한국과 달리 아파트보다 개인 주택에서 생활하는 경우가 많아요. 윗집, 아랫집 눈치를 볼 필요 없이, 넓고 떨어진 공간에서 친구들과 자유롭게 어울릴 수 있는 환경이 마련된 거죠. 이 덕분에 집에서 파티를 여는 문화가 발전했어요.

다만, 음악은 적당히! 그렇지 않으면 이웃의 신고로 경찰이 문 앞에 나타날 수도 있으니 주의해야 해요. 또, 미국 사람들은 개인의 프라이버시를 중시하면서도 사교 활동을 활발히 하는 편이에요. 그래서 집에서 가까운 사람들과 파티를 즐기는 것이 더 편하고 즐거운 경우가 많답니다.

😊 Your house has a big yard! Do you throw parties here?

☺ Yeah, it's great for house parties without worrying about neighbors.

😊 너네 집 마당 진짜 크다! 파티도 여기서 해?

☺ 응, 이웃 신경 안 쓰고 하우스 파티하기 딱 좋아.

③ 일찍 닫는 미국의 펍과 클럽들 (Early Closing Times of Pubs and Clubs)

미국의 많은 펍과 클럽은 한국보다 훨씬 일찍 문을 닫는 편이에요. 한국은 새벽까지도 영업하는 술집과 클럽이 많고, 새벽 3시가 피크 타임일 정도로 밤 문화가 발달되어 있잖아요. 그런데 미국의 밤 문화는 한국과 비교하면 시시할 수 있어요. 미국은 대부분의 주에서 술을 판매하는 시간이 법으로 제한되어 있어, 보통 새벽 2시 전에 문을 닫죠.

예를 들어, 캘리포니아 주에서는 대부분의 주류 판매가 새벽 2시에 종료됩니다. 뉴욕이나 라스베이거스 같은 대도시는 예외적으로 새벽 4시까지 영업하는 클럽도 있지만, 이런 경우는 흔치 않아요. 이렇게 클럽이나 펍에서 맘껏 즐기기 힘든 문화이다 보니 집에서 파티를 열어 밤새 즐기곤 한답니다!

> 😊 Clubs here close so early! What do people do after that?
> 😊 They usually continue the party at someone's house.

😊 여기 클럽들 왜 이렇게 빨리 닫아? 클럽 문 닫고 나면 사람들은 뭐 해?
😊 보통 집에서 파티를 이어서 해.

4. 비교적 높은 음주 나이 (Higher Legal Drinking Age)

미국에서는 합법적으로 술을 마실 수 있는 나이가 만 21세라는 것, 알고 계셨나요? 영국은 만 16세부터, 한국도 만 19세부터 술을 마실 수 있는데 비해, 미국의 음주 가능 나이는 상대적으로 높은 편이죠.

이 때문에 대학생이나 청소년들이 술을 마실 수 있는 장소가 제한적인데요. 클럽이나 바에서도 술을 마시기 어렵다 보니, 집에서 친구들과 모여 파티를 열어 몰래 술을 즐기는 경우가 많죠. 이렇게 자연스럽게 하우스 파티 문화가 발전하게 되었답니다!

> 😊 I heard you need to be 21 to drink in the U.S. Is that true?
>
> 🙂 Yep, that's why college students often have house parties.

😊 미국에서는 21살부터 술 마실 수 있다던데, 진짜야?
🙂 응. 그래서 대학생들이 하우스 파티를 자주 열어.

홈파티에서
바로 쓰는 영어

 2-02.mp3

'파티를 열다'는 영어로 throw a party인데 왜 '던지다'라는 뜻의 throw가 파티와 어울릴까요? 파티를 여는 건 마치 공을 던지는 것처럼 신나고 활기찬 느낌이 있기 때문이에요. 뭔가를 크게 벌이거나 한바탕 즐기는 걸 throw로 표현하는 거죠!

미국 홈파티에서 꼭 알아두면 좋은 유용한 표현들을 소개할게요. 대화가 자연스럽게 이어지면 분위기도 더 업되고, 즐거운 시간을 보낼 수 있겠죠?

홈파티에 초대받았을 때

파티에 초대받았다면, 먼저 초대에 응할지 거절할지 예의 바르게 표현하는 것이 중요해요. 수락할 때는 파티에 대한 기대감을, 거절할 때는 아쉬움을 담아 말하면 좋겠죠!

① 초대 수락하기 ☺

Thanks for the invite!	초대해줘서 고마워!
I'd love to come!	꼭 가고 싶어!
Sounds like so much fun!	너무 재밌겠다!
What time should I get there?	몇 시까지 가면 될까?
Do you need me to bring anything?	내가 뭐 챙겨갈까?

② 초대 거절하기 ☹

I wish I could, but I can't make it.	가고 싶은데, 갈 수가 없네.
I'll have to pass this time.	이번엔 못 갈 거 같아.
Maybe next time!	다음을 기약할게!
Sorry, I already have plans.	미안, 이미 일정이 있어.
I'm bummed I can't come.	못 가서 정말 아쉽다.

파티에 도착했을 때

게스트guest는 파티에 초대받은 사람이고, 호스트host는 파티를 여는 사람이에요. 즉, 여러분이 초대받았다면 guest, 파티를 열었다면 host인 거죠!

① 게스트가 쓸 수 있는 표현들

Hi, thanks for having me!	안녕, 초대해줘서 고마워!
Hello! Hope I'm not too early.	안녕! 너무 일찍 온 건 아니지?
Wow! Your place looks amazing!	우와! 집 너무 좋다!
I brought some drinks/snacks!	술/간식 좀 챙겨왔어!
Do you need help with anything?	도와줄 거 있을까?

② 호스트가 쓸 수 있는 표현들

Welcome! Come on in.	반가워! 어서 들어와.
Hey! So glad you could make it.	안녕! 와줘서 정말 기뻐.
Hi there! Thanks for coming.	안녕! 와줘서 고마워.
Can I get you something to drink?	뭐 마실 것 좀 줄까?
Make yourself at home.	집처럼 편하게 있다 가.

【 파티에 도착했을때 나눌 만한 대화 】

😊 **Welcome! Come on in.**

🙂 **Hey! Hope I'm not too early.**

😊 **Actually, you're right on time! The party's about to start!**

🙂 **Perfect! I brought some snacks for you.**

😊 **Wow, that's so nice of you. There are plenty of drinks, so please, help yourself!**

🙂 **Thank you!**

😊 반가워! 어서 들어와.

🙂 안녕! 너무 일찍 온 건 아니지?

😊 아니야, 딱 맞춰 왔어! 파티 이제 막 시작하려고 해!

🙂 다행이다! 간식 좀 챙겨왔어.

😊 와, 진짜 고마워. 술 많이 있으니까, 마음껏 마셔!

🙂 고마워!

파티의 중심에서

social butterfly라는 표현 들어보셨나요? 사교성이 뛰어나고 사람들과 어울리기를 좋아하는, 흔히 E 성향의 사람들을 뜻해요. 이들은 파티에서 다양한 사람들과 자연스럽게 대화를 나누고, 새로운 친구를 사귀는 걸 즐기죠. 파티에 왔다면, 새로운 사람들과도 대화를 나눠보는 건 어떨까요? Who wants to be a social butterfly? (사교성 만렙 찍어볼 사람?)

1 파티에서 새로운 사람과 대화할 때

Hello, I don't think we've met. What's your name?
안녕하세요, 저희 초면이죠? 성함이 어떻게 되세요?

Hi, do you know a lot of people here?
안녕하세요, 여기 있는 사람들 많이 아세요?

Have you been to one of these parties before?
이런 파티 와보신 적 있으세요?

This place looks amazing, doesn't it?
여기 장소 진짜 근사하지 않아요?

So, how do you know the host?
호스트랑은 어떻게 아는 사이세요?

Hello, I heard you're friends with Sherry. How do you know them?
안녕하세요, 쉐리 지인이라고 들었는데요. 걔랑 어떻게 아는 사이세요?

▶ 여성이면 her를 써도 되지만, 성별을 모르거나 특정하고 싶지 않을 때는 them을 사용할 수 있어요. her와 them 둘 다 OK! 이때 them은 he와 her를 아우르는 표현이죠.

2 본격적으로 파티를 즐기고 싶을 때

Who's up for some games?
게임 할 사람?

Who's up for a drink?
술 마실 사람?

Let's grab another round!
한 잔 더 해요!

Let's have a drink together!
같이 술 마셔요!

Anyone want to play _____?
_____ 게임 할 사람 있어요?

Anyone up for some dancing?	춤 출 사람?
Bottoms up!	원샷해!
I'll join the next round of drinks.	다음 라운드에 같이 마실게요.
To a great night!	즐거운 밤을 위하여!
The food here is amazing!	음식 진짜 대박이다!

파티가 마무리될 때

파티의 시작만큼 끝도 중요하죠! 게스트는 감사 인사를, 호스트는 따뜻한 배웅을 잊지 말고, 마지막까지 즐겁게 마무리해 보세요.

① 게스트가 쓸 수 있는 표현들

I had a wonderful time!	너무 즐거운 시간이었어!
Thanks for the amazing night!	멋진 밤을 만들어줘서 고마워!
You did an incredible job hosting!	파티 진행 최고였어!
Let's do this again sometime!	다음에 또 이렇게 모이자! (호스트도 쓸 수 있음)
Can't wait for the next party!	벌써부터 다음 파티가 기다려지네!

② 호스트가 쓸 수 있는 표현들

Thank you for coming tonight! — 오늘 와줘서 고마웠어!

Safe travels home! — (집까지) 조심히 들어가!

Hope you had a great time! — 즐거운 시간 되었길 바래!

It was great seeing you. — 오늘 봐서 너무 좋았어. (게스트도 쓸 수 있음)

Let's keep in touch! — 연락해!

Enjoy the rest of your evening/night! — 남은 저녁/밤도 즐겁게 보내!

【 파티 마무리하면서 나눌 만한 대화 】

☺ I had a wonderful time!

☺ Glad to hear that! **Thanks for coming tonight.**

☺ Of course! **It was great seeing you.**

☺ You too, **let's do this again sometime!**

☺ Absolutely, count me in!

☺ Definitely, **enjoy the rest of your night!**

☺ 오늘 너무 즐거웠어!

☺ 다행이네! 오늘밤 와줘서 고마워.

☺ 당연하지! 얼굴 봐서 너무 좋았어.

☺ 그니까 나두. 언제 또 이렇게 모이자!

☺ 진짜, 그때도 또 불러줘!

☺ 그럼! 남은 밤도 즐겁게 보내!

그래, 이 맛이야!
홈파티 소울푸드

🔊 2-03.mp3

홈파티에서 빠질 수 없는 건 단연 음식이죠. 하지만 집에서 파티를 열면 주최자가 모든 걸 준비하기엔 부담스러울 수 있어요. 그래서 각자 음식을 가져오는 potluck party나 술을 각자 챙겨오는 BYOB(Bring Your Own Booze) 파티도 많아요. 초대할 땐 We're having a party—BYOB!처럼 말하죠. 다양한 음식을 나눌 수 있어 좋고, 준비 부담도 줄어들어요. 또, 대화하고 술 마시는 자리엔 손으로 집어먹기 쉬운 finger food가 딱이에요. 자, 그럼 미국 홈파티에선 어떤 음식들이 인기일까요?

① Pizza

피자는 역시 만국공통 파티 소울푸드죠! 간편하면서도 허기를 달랠 수 있으니, 파티에서 항상 환영받는 메뉴입니다. 미국 홈파티에서 가장 자주 볼 있는 건 치즈랑 페퍼로니 피자! 하지만 미국에는 비건vegan과 채식주의자vegetarian도 많아서, 다양한 기호에 맞춘 옵션들도 많답니다. 어떤 파티든 피자는 늘 인기 만점이니까, 배고프면 먼저 한 조각 집어 드세요!

· Part 2. Party ·

😊 What's the most popular party food in the U.S.?

☺ Definitely pizza! Everyone loves a **classic cheese or pepperoni slice**.

😊 미국 파티 음식 중 가장 인기 있는 게 뭐야?
☺ 당연히 피자지! 치즈나 페퍼로니 피자는 누구나 좋아하거든.

② **Pigs in a Blanket**

처음 들으면 "이불 안에 돼지?" 싶지만, pigs in a blanket은 작은 소시지를 페이스트리 도우로 감싸 구운 간식이에요! 생김새가 이불을 두른 돼지 같아서 붙여진 이름이죠. 만들기도 간단하고, 짭조름한 맛 덕분에 자주 손이 가요. 파티에서 손쉽게 집어먹을 수 있는 간식이라, 한 번 맛보면 멈출 수 없을 걸요?

😊 What's "**pigs in a blanket**"?
☺ Little sausages wrapped in pastry. They're so addictive!

😊 "피그스 인 어 블랭킷"이 뭐야?
☺ 작은 소시지를 페이스트리에 감싼 간식이야. 진짜 중독돼!

3. Nacho Table

미국 파티 음식 하면 또 빼놓을 수 없는 게 바로 나초칩! 요즘 미국 SNS를 보면 nacho table 나초 테이블이 정말 핫해요. 테이블 위를 은박지로 덮고 나초칩을 테두리 따라 깐 다음, 가운데에 고기, 살사, 사워크림, 치즈 소스, 과카몰리, 치즈 가루 등 토핑을 올려 다 같이 나눠먹는 거예요. 음악을 틀어놓고 친구들이랑 테이블 주위를 돌며 나초 테이블을 만들면, 만드는 과정도 신나고 먹는 즐거움도 두 배! 바삭바삭한 나초와 다양한 토핑의 조화가 정말 환상적이죠.

😊 Have you tried a **nacho table**?
😊 Yes, it's messy but so fun to share with friends.

😊 나초 테이블 해본 적 있어?
😊 응, 좀 지저분하긴 한데 친구들이랑 같이 먹으면 진짜 재밌어.

4 Buffalo Wings

한국에 치킨이 있다면 미국에는 버팔로 윙이 있죠! 맵고 살짝 신 소스로 양념한 치킨 날개 요리로, 파티에서 빠질 수 없는 인기 메뉴예요. 버팔로 윙은 1960년대 뉴욕주 버팔로의 한 바bar에서 처음 만들어져, 지금은 전 세계적으로 사랑받는 음식이 되었어요. 그냥 먹어도 맛있지만, 블루 치즈 소스나 랜치 드레싱에 찍어 먹으면 감칠맛이 배가 돼요. 한입 베어 물 때마다 바삭한 식감과 함께 매콤새콤한 맛이 입안을 가득 채운답니다!

☺ Why are these called **buffalo wings**?
☺ They were first made in Buffalo, New York.

☺ 이거 왜 버팔로 윙이라고 불러?
☺ 뉴욕주 버팔로에서 처음 만들어졌대.

⑤ Deviled Eggs

'악마의 계란'이라니 이름부터 독특하죠? deviled eggs는 매콤하고 강렬한 맛을 가미한 계란 요리로 '악마처럼 자극적인 맛'이라고 해서 붙여진 이름이랍니다. 삶은 달걀을 반으로 잘라 노른자를 꺼낸 후, 마요네즈, 머스터드, 피클 등을 섞어 다시 흰자 속에 채워 넣으면 끝! 여기에 베이컨 크럼블이나 스모크 파프리카 파우더를 뿌리면 풍미가 한층 더 깊어지죠. 만들기는 간단하지만, 맛과 모양은 고급스러워 파티 테이블에 올리면 시선 집중!

☺ What makes **deviled eggs** special?
☺ The creamy, spicy filling—it's irresistible!

☺ 데블드 에그가 뭐가 특별해?
☺ 크리미하고 매콤한 속이 정말 맛있어!

* **irresistible** 거부할 수 없을 정도로 맛있는

6 Party Snack Mix

party snack mix 파티 스낵 믹스는 이름 그대로 파티에 어울리는 다양한 과자들을 섞어 큰 통에 담아놓고 사람들이 마음껏 집어갈 수 있게 한 간식이에요. 견과류, 프레첼, 시리얼, 크래커 등을 섞어서 고소함, 짭짤함, 달콤함, 바삭함이 한데 어우러져 조화롭고 먹는 재미를 더해준답니다. 얼마나 파티 소울 간식이냐면, 다양한 미국 과자 브랜드에서도 이미 만들어진 파티 믹스 세트를 팔기도 해요. 파티 준비 시간이 부족하다면, 요런 거 하나 사서 통에 쏟아 넣기만 하면 끝! 간편하게 파티 간식을 준비할 수 있죠.

☺ What's in a **party snack mix**?
☺ Pretzels, nuts, crackers—everything crunchy and tasty.

☺ 파티 스낵 믹스에는 뭐가 들어 있어?
☺ 프레첼, 견과류, 크래커 등 바삭하고 맛있는 것들 몽땅.

이거 모르면 노잼!
파티 술게임

2-04.mp3

술자리에 친구들과 여럿이 모이면 게임 또한 빠질 수가 없죠. 그럼 미국 파티에서는 어떤 술게임을 할까요? 잔잔한 게임부터 여럿이 함께 즐길 수 있는 왁자지껄한 게임까지 정말 다양하답니다! 자 그럼, Who's ready for some games? 게임 할 사람?

1 **Beer Pong** (비어퐁)

비어퐁은 미국인들의 국민 술게임이에요. 팀을 나눠 탁구공과 플라스틱 컵을 사용해 대결을 펼치죠.

◆ **준비물:** 플라스틱 컵(최소 12개), 탁구공(많을수록 좋음), 술(주로 맥주)

◆ **세팅**

1. 테이블 양 끝에 각 팀이 6개의 컵을 3-2-1 삼각형 모양으로 배치하고, 컵에 술을 1/4 정도 채워요.
2. 탁구공을 씻을 수 있는 물컵도 하나 준비합니다.

◆ **게임방법**

1. 각 팀에서 한 명씩 공을 던져 컵에 먼저 넣거나 가위바위보로 선공을 정해요.
2. 두 팀이 번갈아 탁구공을 상대팀의 컵에 던져요. 공이 컵에 들어가면 상대팀이 술을 마시고 컵을 치워요. (성공하면 한 번 더 던질 기회가 생김)
3. 상대팀의 컵을 먼저 모두 제거한 팀이 승리합니다.
   * 공이 테이블에 튕긴 뒤 컵에 들어가면 컵 두 개를 제거할 수 있어요.
   * 테이블을 넘어 던지는 경우, 컵을 재배치하는 리랙 re-rack 규칙이 적용될 수 있습니다.

(2) **Buffalo** (버팔로)

술의 힘을 빌어 사람들과 금세 친해질 수 있게 도와주는 게임이에요. 간단한 규칙이지만, 자칫 방심하면 큰 벌칙이 따르니 끝까지 집중!

◆ **준비물:** 없음 (술과 함께할 사람만 있으면 OK)

◆ **게임방법**

1. 오른손잡이는 왼손으로, 왼손잡이는 오른손으로 술을 마셔야 해요.
2. 누군가 규칙을 어기면 "버팔로!"라고 외치세요.
3. "버팔로!"라고 외친 사람이 규칙을 어긴 사람을 지적하면, 규칙을 어긴 사람은 벌칙으로 술을 한 잔 더 마셔야 해요.

③ **Flip the Cup** (컵 뒤집기)

팀워크와 스피드가 중요한 술게임으로, 빠르게 컵을 뒤집는 것이 관건입니다. 파티에서 처음 본 다른 사람과도 쉽게 친해질 수 있죠.

◆ **준비물:** 플라스틱 컵(참가자 수만큼), 테이블, 술

◆ **세팅**
1. 각 팀은 테이블의 양쪽 끝에 줄을 섭니다.
2. 참가자는 각자 소량의 술을 컵에 채우고, 테이블에 둡니다.

◆ **게임방법**
1. 양팀의 첫 번째 사람이 앞에 놓인 술을 마신 뒤 테이블 가장자리에 컵을 걸치고 손가락으로 살짝 쳐서 뒤집어요.
2. 컵이 완전히 뒤집히면 다음 사람에게 차례를 넘깁니다.
3. 먼저 모든 팀원이 술을 마시고 컵을 뒤집는 팀이 이겨요.

4 Spin the Bottle (병 돌리기)

간단하면서도 긴장감과 설렘을 동시에 안겨주는 게임이에요. 하이틴 영화나 드라마에서 종종 이 게임을 하다가 첫 키스를 하는 장면이 나오곤 해요.

◆ **준비물:** 빈 병, 술, 참가자들

◆ **게임방법**

1. 빈 병을 중앙에 놓고 참가자들은 병을 둘러 원형으로 앉아요. (이렇게 하면 병이 누구를 가리키는지 명확하게 알 수 있죠.)
2. 한 사람이 병을 돌리고, 병의 끝이 가리키는 사람이 미션을 수행해야 합니다. (전통적인 미션은 키스이지만, 춤추기나 노래 부르기 등 다양한 미션으로 대체할 수 있어요.)
3. 미션을 실패하면 벌주를 마시고 다음 순서를 진행하면 됩니다.

재미있는 미션과 병이 멈출 때마다 누구를 가리킬지 모르는 긴장감이 게임의 묘미랍니다.

⑤ Drunk Jenga (취중 젠가)

기존 젠가에 술게임의 요소를 더한 버전이에요. 손 떨리는 긴장감과 함께 술을 마시면서 즐길 수 있답니다!

◆ **준비물:** 젠가 블록, 술(다 좋아요!), 마커(블록에 쓰기 위해)

◆ **세팅**

1. 젠가 블록의 각 면에 "술 한 잔 마시기", "왼쪽 사람과 자리 바꾸기", "자신에 대한 비밀 하나 말하기", "춤추기", "다음 라운드 건너뛰기" 등과 같은 다양한 지시사항을 적어요.
2. 블록을 섞어서 일반 젠가처럼 쌓아요.

◆ **게임방법**

1. 각 참가자는 돌아가며 블록을 하나씩 뽑아요.
2. 뽑은 블록에 적힌 지시사항을 수행합니다. (예를 들어, "술 한 잔 마시기"가 적혀 있다면 술을 한 잔 마셔야 하죠.)
3. 블록을 다시 타워 맨 위에 쌓고, 무너뜨린 사람이 벌주를 마시는 것으로 게임이 진행됩니다.

6 Never Have I Ever

손병호 게임을 아시나요? "~한 사람 접어"라고 말한 뒤 해당되는 사람은 손가락을 접고, 다섯 손가락을 다 접은 사람이 벌칙에 걸리는 게임인데요. 미국의 손병호 게임이 바로 Never Have I Ever입니다. 직역하면 '나는 ~한 적이 없다'는 뜻이죠.

◆ **준비물:** 없음 (술과 사람만 있으면 OK)

◆ **게임방법**

1. Never have I ever gone skydiving. 스카이다이빙을 해본 적 없어. 처럼 한 사람이 "Never have I ever…"로 시작해 자신이 해본 적 없는 일을 말합니다.
2. 이때 그 사람이 말한 행동을 해본 사람은 손가락을 하나 접고 술을 한 모금 마셔야 해요.
3. 이렇게 한 사람씩 돌아가며 해본 적 없는 일을 말합니다.
4. 손가락 5개를 모두 접은 사람은 벌칙으로 술을 마시게 되죠.
5. 손가락을 가장 오래 남긴 사람이 최종 승자!

다양한
술 이름과 그 유래

2 - 05.mp3

여러분은 어떤 술을 좋아하시나요? 전 가볍고 달달한 칵테일을 좋아해요. 저처럼 술을 잘 못 마시는 사람을 요즘은 "알쓰(알코올 쓰레기)"라고 부르더라고요. 그런데 "알쓰"를 영어로는 뭐라고 할까요? 혹시 alcohol trash라고 생각하는 분도 있겠지만, 사실은 lightweight라고 해요. 직역하면 '가벼운 무게'라는 뜻이지만, 실제로는 '조금만 마셔도 금방 취하는 사람'을 의미하죠. 반대로 술을 굉장히 잘 마시는 사람은 heavyweight!

이번에는 제가 좋아하는 칵테일 중에서 재미있는 이름을 가진 술들의 의미와 유래를 알아볼 거예요. 이 글을 읽는 동안, 여러분도 좋아하는 술이나, 술을 못 마신다면 음료수를 준비해 함께 음미하며 읽어보는 건 어때요?

 쉐리가 좋아하는
칵테일 메뉴를 소개합니다

Bloody Mary
블러디 메리

알코올과 토마토 주스의 매콤한 해장 칵테일
재료: 보드카, 토마토 주스, 핫소스

Old Fashioned
올드 패션드

위스키 베이스의 강하고 달콤한 전통적 맛
재료: 위스키, 설탕, 비터스

Porn Star Martini
폰 스타 마티니

2002년 런던 탄생, 달콤한 과일향
재료: 바닐라 보드카, 패션프루트 퓨레, 라임 주스

Cosmopolitan
코스모폴리탄

〈섹스 앤 더 시티〉로 유명, 뉴욕 스타일
재료: 보드카, 트리플 섹, 크랜베리 주스, 라임 주스

Tequila Sunrise
테킬라 썬라이즈

해돋이 색상, 상큼한 맛
재료: 테킬라, 오렌지 주스, 그레나딘 시럽

Adios Motherfucker (AMF)
아디오스 마더퍼커

강한 알코올, 한 잔으로도 충분
재료: 보드카, 럼, 진, 테킬라, 블루 큐라소

Blow Job Shot
블로우 잡

부드럽고 달콤한 파티용 샷
재료: 아마레토, 아이리시 크림 리큐르, 휘핑크림

① **Bloody Mary**

Blood Mary 블러디 메리는 미국에서 해장술로 유명한 칵테일이에요. 토마토 주스와 보드카를 기본으로, 핫소스, 레몬 주스, 우스터 소스 등 여러 향신료가 들어가 매콤하고 진한 맛이 특징이죠. 이 칵테일은 알코올(보드카)과 치료제(토마토 주스)라는 고전적인 조합 덕분에 '점심 칵테일'로 자리잡았답니다.

유래에는 몇 가지 설이 있어요. 시카고의 Bucket of Blood라는 바에서 일하던 서버 Mary의 이름에서 따왔다는 설, 많은 사람을 처형해 '피로 물든 메리'라고 불린 영국 여왕 Mary Tudor에서 유래되었다는 설이 있죠.

② **Old Fashioned**

'옛날 방식'을 뜻하는 Old Fashioned는 위스키를 좋아하는 분이라면 한 번쯤 들어봤을 거예요. 이 칵테일은 버번 bourbon/라이 rye 위스키 whiskey를 베이스로 설탕과 비터스를 넣고, 오렌지 필을 가니쉬 garnish로 사용해 강렬하면서도 달콤한 맛의 조화가 특징이죠.

1870-1880년대 화려한 칵테일이 유행하던 시절, 전통적인 맛을 고집하는 손님들이 Old Fashioned Whiskey Cocktail을 주문한 데서 이름이 유래됐고, 오늘날까지도 사랑받고 있답니다.

③ Porn Star Martini

2002년 런던의 한 바에서 탄생한 Porn Star Martini 폰 스타 마티니는 이름이 독특한데요. 달콤한 과일 맛이 성인 엔터테인먼트 산업을 연상시켜서 붙여진 이름이라고 해요. 이 칵테일을 개발한 바텐더 앙크라는 남아프리카 공화국 케이프타운에 있는 스트립 클럽을 방문하면서 영감을 얻었대요.
바닐라 보드카, 패션프루트 퓨레 passionfruit purée, 패션프루트 리큐르 passionfruit liqueur, 라임 주스 lime juice가 섞여 달콤하고 상큼한 열대의 맛을 선사하죠.

④ Cosmopolitan

미국 드라마 <섹스 앤 더 시티> 덕분에 더욱 유명해진 Cosmopolitan 코스모폴리탄은 클래식하고 엘레강스한 느낌의 칵테일이에요. 보드카, 트리플 섹, 크랜베리 주스, 라임 주스를 혼합해 새콤달콤한 맛이 특징으로, 지금은 스타일리쉬한 뉴요커들의 칵테일로 알려져 있죠.
1980년대 뉴욕 맨해튼에서 바텐더가 당대 스타들에게서 영감을 받아 도시적인 느낌을 살려 만든 칵테일이에요.

⑤ Tequila Sunrise

1970년대 캘리포니아에서 탄생한 Tequila Sunrise 테킬라 썬라이즈는 해돋이를 연상시키는 색 때문에 붙여진 이름이에요. 테킬라, 오렌지 주스, 그레나딘 시럽이 어우러진 상큼하고 달콤한 맛의 칵테일이에요. 층층이 쌓인 색감 덕분에 파티에서 인기 있는 칵테일이죠.

⑥ Adios Motherfucker (AMF)

Adios Motherfucker 아디오스 마더퍼커 라니 이름부터 강렬하죠? 줄여서 AMF라고 불리는 이 칵테일은 한 잔만 마셔도 정신이 아득해지는 걸로 유명해요. 메뉴판에는 잘 없고, 바텐더에게 요청해야 맛볼 수 있는 비밀 메뉴죠.

Adios는 스페인어로 '잘 가라'라는 뜻인데, 여기에 거친 표현이 더해져 "잘 가라, 젠장할"이라는 의미가 되었어요. 한 잔만 마셔도 정신이 나갈 만큼 독한 이 술은 '오늘은 무조건 취하겠다'고 작정한 날 마신다고 해요.
보드카, 럼 rum, 진 gin, 테킬라, 블루 큐라소, 스위트 앤 사워 믹스, 스프라이트를 섞어 만든 이 칵테일은 달콤하고 상쾌한 맛이에요. 달달하고 술맛이 많이 안 나서 방심하기 쉬운데, 어느 순간 필름이 뚝 끊길 수 있어요. 그래서 AMF를 마신 친구에게 종종 "Famous last word? 최후에 하고 싶은 말은?"라고 농담처럼 물어보기도 하죠.

⑦ Blow Job Shot

야하고 도발적인 이름 때문에 뺄까 말까 고민하다가, 그래도 미국 파티에서 인기가 많은 칵테일이라 살짝 언급할까 해요. Blow Job Shot은 휘핑크림을 얹어 만든 것이 특징으로, 손을 사용하지 않고 입으로만 샷 글라스를 들어 마시는 방식에서 이름이 유래했어요. 아마레토Amaretto, 아이리시 크림 리큐르Irish cream liqueur, 휘핑크림whipping cream을 넣어 달콤하면서 크리미한 칵테일로, 주로 유머러스하고 편안한 분위기에서 즐기는 음료예요.

Drink Responsibly!
미국 술자리 에티켓

술자리는 즐겁지만, 책임감도 필요하죠! 미국에서도 파티와 술은 자주 함께하지만, 그만큼 '책임 있는 음주Drink responsibly'를 강조해요. 특히 미국에서는 음주로 인한 사고나 법적 책임이 매우 엄격하게 적용되기 때문에, 술자리에서도 서로의 안전과 책임을 중요하게 생각합니다.

그럼 미국에서 술 마실 때 꼭 알아두어야 할 에티켓과 표현들을 소개할게요!

① Drink responsibly

술자리에서 자주 등장하는 표현이에요. 말 그대로는 '책임감 있게 마셔'지만, 실제로는 즐기되 도를 넘지 말고 상황을 잘 판단하라는 의미로 사회적 메시지처럼 쓰입니다. 친구 사이에도 가볍게 충고하듯 쓸 수 있어요.

> It's fine to have fun—just **drink responsibly**.
> 재있게 노는 건 좋지만, 너무 과하게는 말자.

② **Know your limit**

미국에서는 자신의 '한계 limit'를 알고 마시는 것이 중요해요. 남들이 마신다고 무조건 따라 마시지 않는 것이 미국 음주 문화의 기본이에요.

I'm stopping here—I **know my limit**.
난 여기까지만 마실게. 내 주량은 알거든.

③ **Don't pressure others to drink**

미국에서는 술을 권하는 문화가 거의 없어요. '술 안 마시겠다'는 사람에게 "한 잔만 해~"라고 하는 건 무례하게 여겨질 수 있죠.

It's totally fine if you don't drink.
안 마셔도 완전 괜찮아.

④ **Designated Driver는 필수!**

미국은 음주운전 drunk driving에 아주 엄격해요. 그래서 술자리엔 꼭 술을 마시지 않는 designated driver 운전 담당를 정해요. 한국처럼 대리운전이 흔하지 않기 때문에, 친구들끼리 돌아가면서 맡거나 Uber나 Lyft 같은 차량 호출 서비스를 이용하죠.
누구 하나는 술잔을 내려놓아야 모두가 안전하게 집에 돌아갈 수 있겠죠.

So who's going to be our **designated driver** tonight?
그래서 오늘밤엔 누가 우리 집에 데려다 줄 거야?

⑤ Consent Matters

파티에서 술이 들어간 상태라도 동의(consent) 없는 행동은 절대 금물이에요. 특히 미국은 이 부분에서 매우 민감하고, 법적으로도 철저하게 다룹니다.

> **Just because someone's drunk doesn't mean they consent.**
> 취했다고 해서 동의한 건 아니니까.

⑥ Pace yourself

'술 마시는 속도를 조절하라'는 의미예요. 파티가 길어질수록 조금씩, 천천히 마시는 게 미국식 똑똑한 음주 습관이에요.

> **Pace yourself**—it's a long night!
> 천천히 마셔. 아직 밤은 길어!

즐기되, 무리하지 않기!
미국의 파티는 자유롭지만, 그 안에서도 서로를 배려하는 에티켓은 확실히 지켜요. 그렇다면 실제 미국 술자리에서는 어떤 말들이 오갈까요?

원샷부터 깔라까지!
미국 술자리 표현 모음

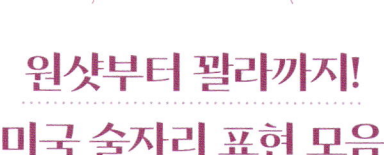

🔊 2-07.mp3

이제부터는 "술 마실래?", "나 좀 취했어.", "원샷!" 같은 진짜 술자리 표현들을 배워볼 거예요. 미국 친구들과 어울릴 때 꼭 한 번쯤 듣게 되는 말들이니까, 알아두면 정말 유용하답니다!

① Asian glow

혹시 술만 마시면 얼굴이 빨개지는 분들 계신가요? 이 현상을 Asian glow 아시안 글로우라고 해요. 직역하면 '빛나는 동양인'이라는 뜻인데, 동양인이 알코올을 섭취할 때 얼굴이 붉어지는 현상이에요. 이는 알코올을 분해하는 효소인 ALDH2 알데하이드 탈수소효소의 결핍으로 인해 발생하는데, 아시아인에게만 국한되는 현상은 아니지만 주로 중국인, 일본인, 한국인 등 동아시아인에게 많이 나타난다고 하네요.

> As a Korean, I experience **Asian glow** every time I drink alcohol.
> 나는 한국인이라서 술 마실 때마다 얼굴이 벌개져.

② **barhop**

한 곳에만 머무르지 않고 여러 바를 돌아다니면서 술을 마시는 것을 barhopping바 순례이라고 해요.

Instead of staying at this bar, do you want to **barhop** tonight?
오늘밤 여기 바에 있지만 말고 여러 바 돌아다녀 볼래?

③ **booze**

술을 말할 때 alcohol알코올 말고도 booze라는 단어를 쓸 수 있어요. booze는 모든 종류의 술을 가리키는 속어slang로, 위스키와 보드카 같은 도수 높은 술hard liquor까지 폭넓게 쓰여요.

I wanna get drunk tonight. Let's get some **booze**!
오늘밤 나 취하고 싶어. 한잔 푸자!

④ **Bottoms up!**

술자리에서 "Bottoms up!"을 외치면 잔을 비울 준비를 하세요. 말 그대로 잔의 아랫부분을 위로 올려서 끝까지 마시라는 뜻으로 우리말의 "원샷해!"와 비슷한 말이죠. 파티에서 분위기 업될 때 자주 나오는 표현이랍니다.

Alright everyone, no backing out—**bottoms up!**
자, 다들 빼지 말고 마시기~ 원샷해!

⑤ buzzed

buzzed는 약간 술 기운이 올라오는 상태로, 살짝 취한 상태를 뜻해요. 완전히 취하지는 않았지만, 딱 기분 좋은 정도의 취함이죠. 그런 상태에서 대화도 잘 되고, 분위기도 더 즐거워지는 것 같아요.

I'm not drunk, just a little bit **buzzed**.
나 안 취했어. 그냥 조금 술 기운이 올라오는 것뿐이야.

⑥ chug

chug는 술(특히 맥주)이나 음료를 빠르게 한 번에 들이키는 걸 말해요. bottoms up이 공적인 자리나 축하하는 상황에서 건배사처럼 사용된다면, chug은 술자리나 파티 같은 좀 더 캐주얼한 분위기에서 쓰여요. 천천히 즐기기보다는 빠르게 쭉 원샷하라는 의미가 담겨 있어요.

You've got 10 seconds to **chug** that beer!
너 10초만에 그 맥주 원샷해야 해!

⑦ Cheers!

술 마실 때 빠질 수 없는 표현이죠! Cheers!는 우리말로는 "짠!"과 같은 의미로, 건배할 때 사용해요. Cheers to ~ 하면 '~를 위하여 건배'라는 뜻이에요. 주로 축하하거나 감사를 표하는 자리에서 쓰이죠.

Cheers to the newly wedded couple!
새 신랑신부를 위하여 건배!

⑧ drunk

drunk는 앞에 나온 buzzed보다 술 기운이 많이 올라온, 완전히 취한 상태를 말해요. 술을 많이 마셔서 이제 몸이 말을 잘 듣지 않을 때 "I'm drunk."라고 말하죠.

> I'm already getting **drunk** from that shot.
> 나 그 샷 마시고 벌써 취해.

⑨ hangover

술 마신 다음날 찾아오는 머리가 지끈지끈 속이 울렁대는 고통스러운 순간, 바로 '숙취'를 hangover라고 해요.

> I have a massive **hangover** from last night's party.
> 나 어젯밤 파티 때문에 지금 숙취가 너무 심해.

⑩ hammered

hammer는 원래 '망치'라는 뜻인데, hammered라고 하면 '(만취해서) 꽐라가 된'이라는 뜻이에요. drunk보다도 더 취한 상태를 의미합니다.

> I got so **hammered** last night that I can't remember a single thing.
> 나 어제 완전히 꽐라돼서 하나도 기억이 안 나.

⑪ pre-game

본격적인 파티나 클럽에 가기 전에 친구들과 미리 술을 마시는 것을 pre-game이라고 해요. 특히 대학생들 사이에서 인기가 많은데, 미국에서는 술값이 비싸서 집에서 먼저 마시고 적당히 취한 상태로 클럽이나 바에 간답니다. 이렇게 하면 술집에서의 지출을 줄일 수 있고, 이미 취한 분위기로 즐겁게 놀 수 있죠.

We're going to **pre-game** at Sherry's place before hitting the club!
우리 클럽 가기 전에 쉐리네 집에 모여서 미리 술 좀 마실 거야!

⑫ shotgun

총의 한 종류이기도 하지만, 술자리에서 shotgun은 캔맥주 옆구리에 작은 구멍을 뚫은 뒤, 그 구멍으로 나오는 맥주를 빠르게 마시는 행위를 뜻하기도 합니다. 미국의 파티에서 이걸로 누가 더 빨리 마시는지 내기하는 경우도 많아요. 굉장히 빠르게 마셔야 해서, 승부욕이 강한 친구들끼리 자주 하는 게임이죠.

Let's see who can **shotgun** this beer the fastest!
누가 이 맥주 샷건으로 제일 빨리 마실 수 있는지 보자!

⑬ smashed

smashed는 '몹시 취한', '꽐라 상태가 된'이라는 뜻이에요. hammered와 비슷한 의미로, 기억이 날아갈 정도로 만취했을 때 쓰는 말이에요.

I got smashed at the club last night.
나 어젯밤 클럽에서 완전 취해서 꽐라되었잖아.

⑭ sober

sober는 술에 취하지 않은 상태, 즉 '맨 정신의'라는 뜻이에요. drunk의 반대말이라고 보면 돼요. sober는 술뿐만 아니라 마약의 영향에서 벗어난 상태를 가리킬 때도 사용되죠.

I'm staying sober tonight.
나 오늘밤엔 맨 정신으로 있을(술 안 마실) 거야.

⑮ tipsy

buzzed와 비슷한 상태로 '알딸딸하게 취한' 상태를 말해요. 완전히 취하지는 않았지만, 술 기운이 올라오면서 기분이 좋아지는 상태를 말하죠. tipsy는 살짝 기분 좋을 정도, buzzed는 조금 더 취한 상태예요. 두 표현 모두 완전히 취하지는 않았을 때 사용해요.

I'm feeling a bit tipsy from that cocktail.
나 그 칵테일 마시고 조금 알딸딸해.

⑯ wasted

waste는 '쓰레기'라는 뜻인데, wasted는 거의 블랙아웃 직전일 정도로 '몹시 취한', '술에 찌든' 상태를 말해요. wasted는 술뿐만 아니라 엄청 피곤한 상태일 때도 사용할 수 있는 표현이랍니다.

She looks completely wasted right now.
쟤 지금 완전 취한 거 같은데.

Intoxication Spectrum

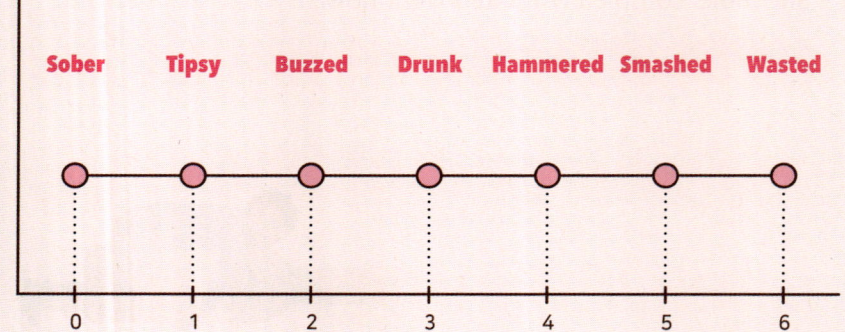

Level of Intoxication 취한 정도

0 Sober 맨 정신인   술을 전혀 마시지 않은 상태로 완전히 맑은 정신

1 Tipsy 알딸딸한   약간 취해 기분이 좋아지는 상태

2 Buzzed 취기가 살짝 올라 업된   취기가 올라 기분이 좋고 좀더 이완된 상태

3 Drunk 취한   확실히 취해 판단력이 떨어지고 행동이 느려지는 상태

4 Hammered 꽐라된   말이 흐려지고 걷기 어려울 정도로 취한 상태

5 Smashed 꽐라된   스스로 통제할 수 없을 정도로 엄청 취한 상태

6 Wasted 술에 떡이 된   필름이 끊기거나 기절할 정도로 완전히 취한 상태

1년 내내 파티 중?!
미국의 대표 파티 달력

 2-08.mp3

미국에서는 축제나 기념일마다 파티가 열려요. 날짜마다 테마도 다르고, 즐기는 방법도 다양합니다. 이번에는 다채롭고 신나는 미국 파티의 세계로 여러분을 초대합니다! Let's get the party started!

① **Super Bowl 슈퍼볼**

매년 1월 말이나 2월 초에 열리는 미국 NFL National Football League 챔피언팀을 가리는 결승전이에요. 슈퍼볼은 미국 최대의 스포츠 이벤트로, 미국인들이 가장 좋아하는 날 중 하나죠. 온 가족과 친구들이 모여 큰 스크린 앞에서 열정적으로 경기를 응원합니다. 치킨 윙, 나초 nacho, 피자 같은 음식을 먹으며, 하프타임 쇼도 놓치지 않아요. 특히 엄청 비싸기로 유명한 슈퍼볼 광고마저도 큰 볼거리라서 광고 보는 재미도 쏠쏠하답니다!

▶ 주의! super의 발음은 '슈퍼'가 아니라 [수우펄(r)]에 가까워요.

② **Valentine's Day** 발렌타인 데이

우리에게도 친숙한 2월 14일, 발렌타인 데이! 사랑과 우정을 기념하는 날로, 미국에서는 연인끼리 초콜릿, 꽃, 선물을 주고받으며 데이트를 즐기고요, 여자친구들끼리 모여서 Galentine's Day갤런타인 데이 파티도 해요. 참고로, Galentine's Day는 Girl과 Valentine's Day를 합친 말로, 발렌타인 데이 전날인 2월 13일에 여자친구들끼리 우정을 기념하며 즐기는 날입니다. 그리고 미국엔 화이트 데이는 따로 없다는 사실! 남녀 구분 없이 Valentine's Day에 서로의 마음을 표현한답니다.

③ **4th of July** 독립기념일

7월 4일은 미국의 독립기념일Independence Day이에요. 이 날은 불꽃놀이와 바비큐 파티, 퍼레이드가 필수! 가족과 친구들이 모여 핫도그, 햄버거, 아이스크림 등을 먹으며 즐거운 시간을 보내요. 빨간색, 흰색, 파란색 옷을 입고 애국심도 드러내죠. 특히 밤이 하이라이트인데, 밤하늘을 수놓는 불꽃놀이가 정말 낭만적이랍니다!

④ St. Patrick's Day 성 패트릭 데이

3월 17일, 이 날은 아일랜드에 기독교를 전파한 아일랜드의 수호성인 성 패트릭 Saint Patrick 을 기념하는 날이에요. 초록색 옷을 입고 아이리시 맥주와 음식을 먹으며 축제를 즐겨요. 길거리에는 네잎클로버 four-leaf clover 와 레프러콘 leprechaun: 금단지를 숨겨두고 있다는 노인 모습의 요정 장식들이 가득하고, 퍼레이드도 신나게 열리죠. 아이리시 음악과 춤을 즐기며 흥이 가득한 하루를 보낼 수 있답니다.

⑤ Halloween 할로윈

10월 31일은 코스튬 costume 파티의 대명사 할로윈 데이! 한국에도 잘 알려진 이 날은 유령과 마녀 같은 분장을 하고 파티를 즐기는 날이에요. 어린이들은 이웃집을 돌아다니며 "Trick or Treat! 장난 아니면 사탕"이라고 하면서 사탕을 모으죠. 집과 거리 곳곳이 호박 등불과 유령 장식으로 가득해요. 할로윈에는 제가 좋아하는 Hay Ride라는 액티비티도 있는데, 건초를 깔아놓은 트레일러나 트럭을 타고 유령/좀비 테마로 꾸민 농장을 돌며 호러 체험을 하는 거예요. 으스스한 가을 밤에 딱 어울리는 오싹한 재미가 있어서 추천합니다.

▶ 주의! Halloween은 -ween에 강세를 넣어 [해앨로위인] 정도로 발음합니다.

⑥ **Thanksgiving** 추수감사절

미국에서 11월 넷째 주 목요일에 열리는 가족 중심의 축제로, 전통 음식을 나누며 한 해의 수확에 감사하는 날이에요. 우리의 추석과 비슷하지만 추석은 조상을 기리는 전통이 있다는 점에서 차이가 있죠. 이 날은 가족이 모여 칠면조, 감자 요리, 크랜베리 소스를 함께 즐기고, 식사 후에는 다양한 게임을 하거나 미식 축구 경기를 보며 시간을 보내죠. '블랙 프라이데이' 쇼핑도 이 시기를 대표하는 이벤트입니다.

⑦ **New Year's Eve** (NYE) 새해 전야

12월 31일, 새해를 맞이하는 New Year celebration이 열리는 날이에요. 밤새도록 춤추고 축하하는 파티가 이어지고, 불꽃놀이와 함께 카운트다운을 하며 새해를 맞이하죠. 대표적인 이벤트는 뉴욕 타임스퀘어에서 열리는 "볼 드롭 Ball Drop"이에요. 새해 전야에 뉴욕 타임스퀘어에서 자정 카운트다운과 함께 공이 내려오는 상징적인 행사인데, 전국적으로 TV 생중계도 되며, 진짜 새해 분위기를 물씬 느낄 수 있죠.

Rave 문화와 EDM 페스티벌

EDM은 Electronic Dance Music의 약자로, 강렬한 비트에 몸을 맡기고 춤추기 좋은 전자 음악이에요. 저도 디제잉을 배울 만큼 EDM을 좋아해서, 미국 파티 문화 중 rave도 꼭 소개하고 싶었어요.

rave는 DJ들의 라이브 음악과 화려한 조명 속에서 밤새 춤추는 대규모 파티예요. 'EDM 파티'라는 뜻의 명사이자, "I'm raving tonight!"처럼 'EDM 파티에서 신나게 논다'는 동사로도 쓰이죠.

그럼 미국의 rave 문화, 꼭 가봐야 할 페스티벌, 그리고 필수 아이템까지 함께 알아볼까요?

재미있는 Rave 문화, 팔찌 교환식

rave에서는 '캔디 Kandi'라고 불리는 비즈 팔찌를 주고받는 독특한 문화가 있어요. 단순한 액세서리 교환이 아니라, 특별한 의미와 절차를 담고 있답니다.

팔찌 교환은 다음 단계로 진행돼요.

Peace 손가락으로 V자를 만들어 상대방과 맞대어 '평화'를 나타내고,
Love 손으로 하트 모양을 만들어 '사랑'을 표현한 뒤,
Unity 손을 맞잡아 '연합'을 상징하고,
Respect 서로의 손목에 직접 팔찌를 끼워주며 '존중'을 표현해요.

이 모든 절차는 rave 문화의 핵심 가치인 'PLUR'을 상징해요. PLUR은 Peace, Love, Unity, Respect의 약자죠. 서로를 존중하고 긍정적인 에너지를 나누는 이 문화는 rave에서만 느낄 수 있는 특별한 경험이랍니다.

Raver의 필수템, 뭐가 있을까?

EDM 페스티벌을 다니는 사람을 raver라고 불러요. raver에게는 음악만큼이나 패션도 중요한데, 개성 넘치는 스타일로 자신을 표현하면 페스티벌을 더욱 즐길 수 있어요. 이제 raver 필수템을 소개할게요.

① 네온과 반짝이

네온 컬러와 반짝이는 글리터 glitter는 페스티벌 패션의 필수 요소이죠. 화려한 색상과 빛나는 액세서리는 필수! 밤에 페스티벌을 둘러보면 옷에서 빛이 날 정도로 화려한 네온 패션을 소화한 raver들이 정말 많답니다.

② 페스티벌 룩

플로럴floral 프린트나 보헤미안Bohemian 스타일의 드레스도 인기 있는 패션이에요. 여기에 프린지 가디건fringe cardigan이나 편한 부츠를 더하면 완벽한 페스티벌 룩이 완성됩니다. 편안하면서도 스타일리시해서 하루 종일 입기에도 좋아요!

③ 레이어드 액세서리

목걸이와 팔찌, 반지 등 다양한 액세서리를 레이어드하여 개성을 표현하는 것도 좋은 방법이죠. 특히 비즈 팔찌bead bracelets와 페스티벌에서 다른 raver들과 교환하는 캔디Kandi 팔찌는 필수템!

④ 헤드피스와 모자

화관flower crowns, 페도라fedora, 캡모자cap 등 머리에 착용하는 다양한 헤드피스headpiece를 활용하면 스타일에 포인트를 줄 수 있어요. 또, 햇볕을 차단하는 데도 도움이 된답니다!

⑤ LED와 라이트업 아이템

어두운 밤을 환하게 밝혀줄 LED나 라이트업 아이템도 페스티벌 패션의 필수 요소예요. 특히 페스티벌에 사람이 너무 많아 친구를 놓칠 수도 있는데, 이런 LED 아이템을 장착해주면 친구를 찾을 때 훨씬 수월하겠죠?

여긴 꼭 가봐야 해!
미국 페스티벌 Top 4

🔊 2-09.mp3

미국에는 음악 팬이라면 누구나 꿈꾸는 페스티벌이 많이 열려요. 환상적인 무대와 빛나는 조명, 전 세계에서 모여든 사람들과 함께라면 진짜 잊지 못할 추억이 되겠죠. 매년 다채로운 페스티벌이 열리는데, 그 중에서도 꼭 한 번 가봐야 할 추천 페스티벌 4곳을 소개할거요!

① **Ultra Music Festival** 울트라 뮤직 페스티벌

울트라 뮤직 페스티벌은 매년 3월, 뜨거운 마이애미에서 열려요! 1999년에 시작된 이래로 매년 전 세계 EDM 팬들을 불러모으며, 세계 최고의 EDM 페스티벌 중 하나로 자리잡았죠. 유명한 DJ와 아티스트들이 참가하고, 매년 수십만 명의 사람들이 이 페스티벌을 찾습니다. 3일 동안 다양한 장르의 EDM 음악과 함께 춤추며 즐길 수 있어요. 2019년 한국의 유명 DJ인 페기 구 Peggy Gou가 이 울트라 뮤직 페스티벌 무대에 서서 큰 주목을 받은 바 있죠.

② **Electric Daisy Carnival** (EDC) 일렉트릭 데이지 카니발

5월이 되면, 세계 최대의 뮤직 페스티벌 중 하나인 EDC로 라스베이거스가 들썩들썩해져요. 화려한 무대, 대규모의 라이트 쇼, 그리고 다양한 놀이기구와 퍼포먼스가 함께 어우러져 정말 잊지 못할 경험을 할 수 있답니  다. 수백만 명의 팬들이 모여 트랜스, 하우스, 테크노 등 다양한 EDM을 즐기며 환상적인 퍼포먼스에 푹 빠지죠!

③ **Coachella Valley Music and Arts Festival**
코첼라 밸리 뮤직 앤드 아트 페스티벌

 매년 4월이면, 캘리포니아 사막에 있는 조용한 도시 코첼라 밸리가 페스티벌에 모인 수많은 인파로 북적거려요. 코첼라는 EDM뿐만 아니라 다양한 음악 장르와 예술을 즐길 수 있는 페스티벌로, 유명한 셀럽 celebrity 과 인플루언서들도 자주 방문해요. 코첼라는 한국 팬들에게도 친숙한 페스티벌이에요. 블랙핑크 BLACKPINK, 에픽하이 Epik High, 빅뱅의 G-Dragon 등 다양한 K-pop 아티스트들이 코첼라 무대에 올라 큰 화제를 모았죠. 야외 무대와 설치 미술, 다양한 푸드트럭과 마켓까지 하루 종일 즐길 거리가 가득해 시간 가는 줄 모를 거예요.

④ Lollapalooza 롤라팔루자

8월이면 전 세계 음악 팬들이 롤라팔루자에 몰려듭니다. 아름다운 시카고 그랜트 파크에서 펼쳐지던 롤라팔루자는 2010년부터는 세계 각지로 확장되어 다양한 지역에서 개최되고 있는데요. 록, 팝, 힙합, EDM 등 다양한 장르의 음악을 한자리에서 즐길 수 있어요.

2022년 BTS의 제이홉 J-Hope이 롤라팔루자 시카고의 헤드라이너로 무대에 서서 큰 화제를 모으기도 했고, 2025년에는 트와이스 TWICE가 롤라팔루자 시카고의 헤드라이너로, 제이홉이 롤라팔루자 베를린의 헤드라이너로 섰죠. 이 밖에도 여러 케이팝 아티스트들이 세계 각지의 롤라팔루자 무대에 섰어요.

특히 롤라팔루자 시카고에서는 여러 무대에서 펼쳐지는 다양한 아티스트들의 공연과 함께 여름의 뜨거운 열기를 만끽할 수 있답니다.

영화 아니고 실화!
졸업무도회 PROM

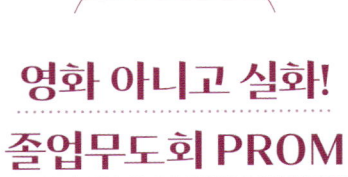 2-10.mp3

미국 하이틴 영화에서 주인공들이 정장을 차려 입고 춤추는 장면, 한 번쯤 본 적 있죠? 바로 그 '프롬'! 단순한 파티가 아니라, 미국식 청춘의 클라이맥스로 남는 특별한 이벤트예요.

prom은 promenade의 줄임말로, 미국과 캐나다 고등학교에서 졸업을 앞두고 열리는 공식 댄스파티예요. 프롬 킹과 퀸, 고백, 댄스, 애프터 파티까지— 로맨틱하면서도 웃픈(!) 현실이 공존하는 대표적인 하이틴 문화랍니다.

그럼 이제 프롬에 담긴 문화와 표현, 그리고 리얼한 이야기 속으로 함께 가볼까요? Let's go to prom, shall we?

프롬포즈, 낭만 가득한 초대

prompose 프롬포즈라는 말, 들어보셨나요? prom과 propose의 합성어로, 파트너에게 프롬에 함께 가자고 데이트 신청하는 걸 말해요.
영화 10 Things I Hate About You에서 히스 레저가 노래하며 고백하던 장면, 기억나시죠?

실제로는 "Will you go to prom with me?" 같은 문구를 포스터에 써서 전하거나, 친구들과 함께 깜짝 이벤트를 준비하기도 해요. 진부한 고백이 싫다면 음식과 말장난을 곁들인 센스 있는 프롬포즈도 인기랍니다!

1 I know this is cheesy, but will you go to prom with me?

(피자 박스와 함께) 너무 진부한 거 알지만, 나랑 프롬 가줄래?

▶ cheesy는 진부하고 유치하다는 뜻인데, 치즈 피자 박스 안쪽에 이 문구를 넣어 유머러스하게 고백할 수 있죠.

2 Please donut say no. Prom?

(도넛 상자와 함께) 거절하지 말고 (나와) 프롬에 가줄래?

▶ do not과 발음이 비슷한 donut을 이용한 말장난이에요.

3 Let's taco 'bout prom! Will you go with me?

(타코나 멕시코 음식 테마로) 프롬에 대해 얘기해보자! 나랑 같이 가줄래?

▶ taco 'bout은 talk about(~에 대해 얘기하다)과 발음이 비슷한 타코를 이용한 말장난이에요. 'bout은 about의 구어체 축약형으로, 일상 대화나 캐주얼한 글에서 자주 쓰여요.

제가 받은 프롬포즈는 바로 이거였어요!

고등학교 시절 자주 가던 부리또 맛집이 있었는데, 어느 날 친구가 제가 좋아하는 부리또에 꽃과 포스터를 곁들여 고백을 해왔답니다! 포스터에는 이렇게 적혀 있었어요.

Hey Sherry, how 'bout we have Laso fun at prom?
쉐리, 나랑 같이 프롬에서 재밌는 시간 보내지 않을래?

Laso는 식당 이름이자 lots of와 발음이 비슷한 말장난이었죠. 센스 넘치는 프롬포즈라서 아직도 기억에 남네요.

드레스코드와 꽃 장식

프롬 당일, 여학생은 롱드레스나 이브닝 가운 evening gown, 남학생은 턱시도 tuxedo에 보타이 bowtie를 매고 멋지게 꾸며요. 보통 파트너끼리 드레스 색을 맞춰 시밀러룩을 연출하고, 서로에게 코르사주 corsage와 부토니에 boutonniere 같은 꽃장식을 달아주는 전통도 있어요.

현실 속 프롬은 좀 달랐어요

영화 속 프롬은 로맨틱한 고백, 우아한 춤, 밤새 이어지는 애프터 파티까지 정말 꿈같죠. 하지만 제가 다닌 Phillips Exeter Academy는 기숙사 학교라 분위기가 꽤 엄격했어요. 현실의 프롬은 조금 달랐죠.

아침부터 드레스, 헤어, 메이크업 준비로 정신없었고, 이른 저녁엔 파트너와 꽃을 교환하고 사진을 찍은 뒤 학교 버스를 타고 파티장으로 향했어요. 도착하자마자 기념 촬영, 뷔페 저녁 식사, 그리고 본격적인 파티! DJ와 밴드가 분위기를 띄우고 어느새 신발을 벗고 맨발로 춤을 추고 있었죠.
로맨틱한 슬로우 댄스를 기대했지만, 느린 곡은 딱 한 곡뿐. 대부분 빠른 댄스곡이라 그냥 신나게 뛰었어요. 밤 11시쯤 파티가 끝나고 다시 버스를 타고 기숙사로 돌아왔죠. 입구에선 사감 선생님 dorm supervisor이 인원 점검 중이었고, 영화 같은 애프터 파티는 없었어요.
그래도 파트너와의 마지막 춤, 친구들과의 웃음, 드레스 자락을 휘날리며 춤추던 그 밤은 아직도 소중한 추억으로 남아 있어요.

(2016)

(2017)

(2018)

Part 3

Style

**패션과 쇼핑으로 배우는
취향과 선택의 언어**

후드티, 아울렛, 블랙프라이데이, 환불까지—
스타일과 소비 속엔 미국식 뉘앙스가 숨어 있어요.

사이즈·핏 설명부터 계산대에서 주고받는 대화까지,
센스 있는 소비를 위한 리얼 영어 표현을 익혀보세요.

#쇼핑영어 #패션표현 #블프할인 #환불교환 #사이즈핏 #스타일영어

맨투맨이 영어로?
패션 아이템 진짜 명칭

🔊 3-01.mp3

후드티가 hood tee가 아니고, 맨투맨이 man-to-man이 아니라는 사실, 알고 계셨나요? 우리가 흔히 쓰지만 실제로는 잘못 알고 있는 패션 아이템들이 생각보다 많답니다. T-shirt처럼 익숙한 것도 있지만, 비슷해 보여도 다르게 쓰이는 표현들도 많아요. 어설프게 알면 더 헷갈리는 법! 지금부터 헷갈리기 쉬운 패션 아이템들의 '진짜 영어 이름'을 정리해 볼게요. 이제부터는 자신 있게 쇼핑해봐요!

후드티 **hoodie** (후디)	맨투맨 **sweatshirt** (스웻셔츠)

니트
sweater (스웨터)

* pullover 풀오버. 니트든, 셔츠든 지퍼 없이 머리 위로 입는 상의를 통틀어 일컫는 표현

야구잠바, 과잠
varsity jacket

패딩
puffer jacket (푸퍼 재킷)

* varsity [vάːrsəti] 대학 스포츠팀 또는 대학 대표라는 의미

바람막이
windbreaker (윈드브레이커)

츄리닝 바지
sweatpants (스웻팬츠)

와이셔츠 **dress shirt** (드레스 셔츠)	정장 바지 **dress pants** (드레스 팬츠)

멜빵바지 **overalls** (오버롤스)	치마바지 **skort** (스코트)

* **skort** [skirt + short]의 합성어

원피스 **dress** (드레스)	팬티 스타킹 **tights/pantyhose** (타이츠/팬티호즈)

* **tights** 두껍고 불투명한 레깅스형 | **pantyhose** 얇고 투명한 스타킹

남자 사각팬티 **boxers** (복서즈)	남자 삼각팬티 **briefs** (브리프스)
머플러 **scarf** (스카프)	쪼리 **flip-flops** (플립플랍)
조끼 **vest/gilet** (베스트/질레)	캡 모자 **baseball cap** (야구모자)

* gilet [dʒilei]

요즘 미국 스타일은?
핫한 패션 스타일 & 브랜드

🔊 3-02.mp3

패션 트렌드는 단순한 옷차림을 넘어 문화와 라이프 스타일을 반영하기에, 미국 문화를 배우는 데도 도움이 돼요. 올드머니룩, 발레코어, Y2K 같은 이름, 한 번쯤 들어보셨죠? 시즌마다 트렌드는 바뀌고, aesthetic 에스테틱, core 코어 같은 이름이 붙어요. 지금 미국 MZ세대가 SNS에서 주목하고 실제로 즐겨 입는 스타일을 소개할게요.

① **Boho Chic** 보헤미안 시크　＊ chic [ʃiːk]

자유롭고 개성 넘치는 믹스매치 스타일이에요. 1960년대 히피 문화에서 시작된 이 스타일은 루즈한 드레스, 프린지, 레이스, 꽃무늬, 자수 등을 조화롭게 믹스해 내추럴한 분위기를 연출하죠.

• Part 3. Style •　133

우디 톤이나 베이지 등 자연색 계열이 자주 쓰여요. 바네사 허진스, 시에나 밀러가 대표 아이콘이며, Free People 프리피플, Anthropologie 앤트로폴로지, Urban Outfitters 어반 아웃피터스 같은 브랜드에서 자주 볼 수 있어요.

② **Clean Girl Aesthetic** 클린 걸 에스테틱

미니멀하면서도 단정한 꾸안꾸 스타일이에요. 팬데믹 이후 집에 머무는 시간이 늘고, 마스크 착용이 일상화되면서 자연스럽고 깔끔한 룩이 인기를 끌었죠.

윤기나는 피부 표현과 슬릭 헤어(단정하게 넘기거나 묶은 머리), 골드톤 귀걸이로 포인트를 주는 경우가 많아요. 뉴트럴 컬러 neutral color의 세련된 일상복을 매치해 심플하면서도 고급스러운 이미지를 완성해요. 젠다야, 헤일리 비버가 대표적인 스타일 아이콘이에요.

③ **Coastal Cowgirl Aesthetic** 코스탈 카우걸 에스테틱

카우보이 룩에 해변 감성을 더한 스타일이에요. 데님denims, 카우보이 부츠, 체크 무늬 셔츠plaid shirt 같은 전통적인 아이템에 라이트 블루, 화이트, 샌드 베이지 같은 밝은 색감과 리넨linen, 데님denim 소재를 활용해 여름에 어울리는 시원하고 편안한 분위기를 연출하죠. 켄달 제너가 착용하면서 더 큰 주목을 받았고, 여름철 해변 룩으로 특히 인기가 많았어요.

④ **Cottagecore** 코티지코어

전원생활을 연상시키는 소박하고 낭만적인 스타일이에요. 롱 드레스, 플로랄 패턴, 레이스, 프릴 등의 디테일과 크림, 연두, 핑크 같은 부드러운 색감이 특징이에요.

테일러 스위프트의 앨범 〈Folklore〉, 〈Evermore〉, 드라마 〈브리저튼Bridgerton〉이 트렌드를 확산시키는 데 큰 역할을 했죠. 자연 친화적이고 고전적인 분위기를 좋아하는 젊은 층에게 꾸준히 사랑받고 있어요.

⑤ Coquette Aesthetic 코켓 에스테틱

섬세하고 사랑스러운 무드의 여성스러운 스타일이에요. 프랑스어 coquette 교태를 부리는 여성에서 유래한 이름으로, 리본·프릴·진주·레이스 등 장식적인 디테일로 로맨틱한 분위기를 연출해요. 핑크나 파스텔 톤이 자주 쓰이며, Balletcore 발레코어보다 더 우아하고 화려한 느낌이에요.

⑥ Academia Aesthetic 아카데미아 에스테틱

문학적이고 학구적인 분위기의 스쿨룩으로 Dark와 Light로 나뉘어요. Dark Academia는 고딕적 감성과 함께 검정, 갈색, 딥그레이 등 어두운 톤의 클래식한 룩을 연출해요. 영화 〈작은 아씨들 Little Women〉의 티모시 샬라메 패션은 Dark Academia의 대표적 예시죠.

Dark Academia

Light Academia는 베이지, 화이트 등 밝은 톤을 사용해 좀 더 낭만적이고 여유로운 분위기를 연출합니다.

Light Academia

⑦ Soft Girl Aesthetic 소프트 걸 에스테틱

귀엽고 밝은 분위기를 강조한 스타일이에요. 핑크, 라벤더, 민트, 베이비 블루 등 파스텔톤의 색감, 꽃무늬 원피스, 그래픽 티셔츠 같은 아이템이 특징이며, 사랑스러움과 순수함을 강조하죠. 아리아나 그란데가 이 스타일을 자주 보여줬어요. 한국의 하이틴 룩과도 비슷한 분위기예요.

⑧ Grunge Aesthetic 그런지 에스테틱

1990년대 시애틀의 그런지 록 음악에서 유래한 반항적이고 자유로운 스타일이에요. 찢어진 청바지, 플란넬flannel 셔츠, (락)밴드 티셔츠, 비니beanie, 초커choker 같은 아이템으로 무심한 멋을 강조해요. 펑크·메탈 문화의 영향을 받았고, 그룹 너바나의 보컬인 커트 코베인이 Grunge Aesthetic의 상징적인 인물이죠.

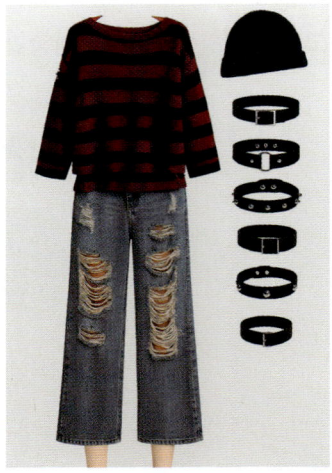

⑨ E-girl/E-boy Aesthetic 이-걸/이-보이 에스테틱

SNS에서 유행한 스타일로, 전자Electronic 세대의 자기 표현이 담긴 패션이에요.
E-girl은 체크 스커트, 리본, 초커와 진한 블러셔, 하트 페인팅 같은 메이크업으로 귀엽고 반항적인 이미지를 연출해요. 빌리 아일리시가 대표적인 E-girl 스타일 아이콘이죠.
E-boy는 오버사이즈 후디, 스트라이프 티, 체인 목걸이 등으로 시크한 느낌을 줘요.
미국 MZ 스타일 중 홍대 거리 패션과 비슷하다는 평도 있어요.

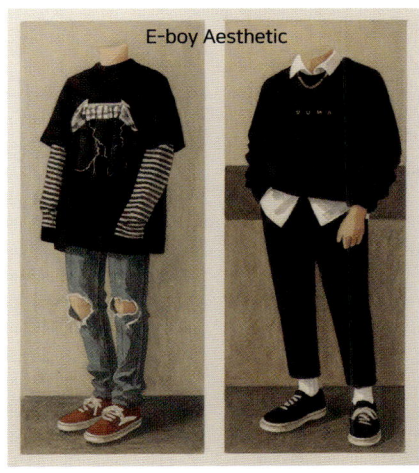

E-boy Aesthetic

⑩ Finance Bro 파이낸스 브로

뉴욕 월가의 금융업 종사자들이 자주 입는 클래식한 비즈니스 스타일이에요. 네이비, 그레이, 차콜charcoal 색상의 수트와 블레이저blazer, 조끼, 슬랙스slacks 등 신뢰감과 전문성을 주는 포멀하고 세련된 정장 아이템으로 구성되어 있어요. 영화 〈더 울프 오브 월 스트리트The Wolf of Wall Street〉에 등장하는 디카프리오의 룩이 대표적이죠.

⑪ **Tech Bro** 테크 브로

실리콘밸리의 IT업계 남성들이 즐겨 입는 실용적이고 편안한 스타일이에요. 티셔츠, 후디hoodie, 파타고니아 조끼vest, 올버즈 운동화, 애플워치, 백팩 등 실용성 위주의 아이템으로 구성돼요. 마크 저커버그나 일론 머스크가 대표 이미지이며, 샌프란시스코 출근 룩의 상징처럼 여겨지죠. 너무 nerdy범생이 스타일해서 할로윈 코스튬으로도 패러디될 정도랍니다.

시크해, 힙해, 부티나! 스타일별 영어 표현

 3-03.mp3

패션 스타일을 설명하는 표현도 아주 다양합니다. "너 스타일 좋다!", "완전 힙하다!", "되게 우아해 보인다!"는 말, 영어로도 자연스럽게 해보고 싶지 않나요? 단어 하나에도 분위기와 느낌이 담겨 있으니, 정확한 뉘앙스를 알고 쓰면 더 멋지게 표현할 수 있어요. 그럼 이제, 스타일별로 자주 쓰이는 패션 영어 표현을 살펴볼게요!

우아하고 고급스러운 스타일

1. elegant 우아한

고급스럽고 기품 있는 느낌이에요. 격식 있는 자리나 드레스업한 dressed up 상황에서 자주 쓰여요. 말투나 행동을 묘사할 때도 사용돼요.

> You look so **elegant** in that dress!
> 너 그 드레스 입으니까 정말 우아해 보여!

> She's always so **elegant** in the way she speaks.
> 그 여자는 항상 말을 너무 우아하게[기품 있게] 해.

② **sophisticated** 세련된, 지적인

세련되고 지적인 분위기를 말해요. 성숙하고 품격 있는 스타일에 잘 어울리는 단어예요.

That suit looks so **sophisticated** on you!
그 수트 너한테 정말 세련돼 보여!

③ **glamorous** 화려한

화려하고 눈에 띄는 스타일을 말해요. 파티룩, 무대 의상처럼 시선을 사로잡는 옷에 자주 쓰여요.

That dress Beyoncé wore at the Grammys looked absolutely **glamorous**!
비욘세가 그래미에서 입은 드레스, 완전 화려했어!

④ **chic** 세련된, 멋진

깔끔하고 세련된 느낌이에요. 빅토리아 베컴, 젠다야의 패션을 떠올려보세요. fashionable이 유행을 따르는 스타일이라면, chic[ʃiːk]는 유행을 따르지 않아도 멋스러운 스타일에 잘 어울려요.

Your outfit is so **chic** and on-trend.
너의 착장, 유행을 잘 따르면서도 정말 세련됐어.

⑤ iconic 상징적인

시대를 대표하거나 오래 기억되는 스타일에 써요. 마릴린 먼로, 오드리 헵번, 마이클 잭슨처럼 한 장면이나 착장이 상징처럼 남을 때 사용하죠. 영화 〈티파니에서 아침을〉에서 헵번의 블랙 드레스가 대표적인 예죠.

> That look is so **iconic**, just like Audrey Hepburn in *Breakfast at Tiffany's*.
> 그 스타일 되게 아이코닉하다, 〈티파니에서 아침을〉의 오드리 헵번 같아!

⑥ boujee 부티나는

프랑스어 bourgeois에서 온 bougie는 상류층처럼 보이려 애쓰는 사람을 비꼬는 말이에요. 힙합 그룹 미고스의 노래 *Bad and Boujee*로 유명해진 boujee는 이 표현을 더 스타일리시하고 긍정적으로 바꿔 쓴 말이죠. 실제로 부자이거나, 그런 이미지를 내고 싶은 과시형 스타일을 가리킬 때 써요. luxurious가 우아한 고급스러움이라면, boujee는 더 튀고, 보이기 위한 느낌! 가볍게 놀리는 말로도 쓰이지만, 뉘앙스는 bougie보다 긍정적이에요. (둘 다 발음은 같아도 분위기는 다르니, 맥락이 중요해요!)

> Damn, you look **boujee** with your new Chanel bag.
> 이야, 너 이번에 새로 산 샤넬백 드니까 되게 부티나 보여.

화려한 패션

① **fancy** 화려한, 고급스러운

특별한 자리나 격식 있는 이벤트에 어울리는 화려한 스타일을 말해요. 주로 파티나 고급 레스토랑에 입고 갈 만한 옷에 쓰여요.

> I need help finding **fancy** dinner outfits for tonight!
> 오늘 저녁 고급 레스토랑에 어울리는 옷을 찾는 데 도움이 필요해!

② **flashy** 번지르르한, 과시적인

과하게 눈에 띄고, 이목을 끌기 위해 일부러 꾸민 느낌일 때 쓰여요. 래퍼들이 착용하는 화려한 금목걸이와 같은 스타일에 적합한 표현이죠.

> His Rolex and gold chains are incredibly **flashy**.
> 쟤 롤렉스랑 금목걸이 되게 삐까뻔쩍하네.

③ **glitzy** 번쩍이는, 겉치레의

무대의상처럼 반짝이고 눈에 띄지만 다소 가벼운 느낌을 줄 수 있어요. 클럽룩이나 쇼핑몰 광고 스타일처럼 '화려함' 자체에 초점을 둘 때 자주 쓰이죠.

> The dress was too **glitzy** for a casual dinner.
> 그 드레스는 평범한 저녁 식사에서 입기엔 너무 번쩍거렸어.

스트릿 & 힙한 패션

① **edgy** 엣지 있는

edgy에 '긴장된'이란 뜻도 있지만, 패션에서는 날카롭고 개성 있는 반항적인 스타일을 말해요. 빌리 아일리시처럼 독특하고 강한 인상의 스트릿 패션과 잘 어울리는 표현이죠.

> Leather jackets are perfect for creating an **edgy** look.
> 엣지한 스타일의 완성은 가죽 자켓이야.

② **drip** 간지나는

drip은 멋짐이 뚝뚝 흐른다는 의미로, 스타일이 힙하고 간지날 때 쓰는 MZ세대 슬랭이에요. 스타일이 남다를 때 That's drip!이라고 하죠.

> This outfit is straight **drip**.
> 이 착장 진짜 간지 그 잡채다.

③ **hypebeast** 유행템 매니아

한정판 스니커즈나 인기 스트릿 브랜드에 집착하는 패션 매니아를 뜻해요. '힙한 hype'과 '괴물 beast'이 합쳐진 말로, 카니에 웨스트나 트래비스 스콧 같은 셀럽들이 대표적이죠..

> He's a total **hypebeast** with all those limited-edition sneakers.
> 걔 한정판 운동화들 보면 완전 유행템 매니아야.

④ **baddie** 센 언니 스타일

원래는 '나쁜 여자'라는 뜻이지만, 요즘엔 섹시하고 당당한 스타일의 여성을 뜻해요. 리한나, 카디 비처럼 자신감 있게 꾸민 모습에 자주 쓰여요.

Look at her, total **baddie** energy!
저 언니 봐, 완전 센 언니 스타일이야!

⑤ **badass** 개쩌는, 개힙한

욕처럼 들리는데, "개쩐다"처럼 멋지고 강렬한 사람이나 스타일을 표현할 때 쓰는 말이에요. 성격, 행동, 옷차림 전반에 대해 쓸 수 있고, 남녀 모두에게 사용돼요. 강한 인상을 주는 스트릿 룩과도 잘 어울리죠.

He looks **badass** in those ripped jeans.
쟤 찢어진 청바지 입으니까 개힙한데?!

스마트해 보이는 패션

① **preppy** (상류층 엘리트 스타일의) 단정하고 클래식한

아이비리그 학생처럼 깔끔하고 클래식한 룩을 말해요. 셔츠, 니트, 체크무늬 등 단정한 아이템이 많지만, 때론 보수적으로 보일 수도 있어요. 미국 사립학교 Prep School 스타일에서 유래했어요.

> You look very **preppy** in that plaid skirt and sweater.
> 그 체크무늬 치마랑 스웨터 입으니까 되게 클래식하고 단정해 보여.

② **professional** 프로페셔널한, 전문적인

공식 자리나 업무 환경에 잘 어울리는 단정한 스타일이에요. 주로 정장이나 비즈니스 캐주얼 같은 복장에 쓰이며, 신뢰감을 주는 느낌이죠.

> You look very **professional** in that tailored suit.
> 맞춤 정장 입으니까 되게 프로페셔널해 보여.

③ **sharp** 세련된, 스마트한

'샤프하다'는 말처럼, 똑똑하고 세련된 이미지를 줄 때 쓰여요. 깔끔하고 날렵한 인상, 정돈된 패션이나 태도를 표현할 때 적절하죠.

> You're looking **sharp** in that business attire.
> 비즈니스 스타일로 입으니까 되게 샤프해 보여.
>
> * **attire** [ətáiər] (포멀하거나 특정한 차림의) 옷, 복장

④ **sleek** 세련된, 매끈한

매끄럽고 간결한 디자인이나 스타일을 말할 때 써요. 너무 화려하진 않지만, 고급스럽고 정제된 느낌을 줄 때 잘 어울리는 표현이죠.

You should wear a **sleek** pair of dress shoes for tonight's event.
오늘밤 행사에 깔끔한 정장 구두 신고 가.

특색 있는 패션

① **quirky** 특이한, 독특한

톡톡 튀고 유니크한 스타일을 말해요. 흔하지 않은 조합이나 빈티지 아이템처럼 개성을 살린 룩에 잘 어울리는 표현이에요.

I love how vintage stores always have super **quirky** accessories!
빈티지 매장 가면 항상 독특한 액세서리가 있어서 너무 좋아!

② **funky** 개성 있는, 재미있는

화려한 색감이나 강한 패턴처럼 시선을 사로잡는 스타일이에요. 유쾌하고 개성 넘치는 옷차림에 자주 써요.

Her outfit is so **funky** with those bold patterns and vibrant colors!
쟤 스타일 되게 개성 있다! 특히 큼직한 패턴이랑 쨍한 색감 말이야.

노출 있는 패션

① **scandalous** (논란을 불러일으킬 정도로) 도발적인, 충격적인

매우 도발적이고 논란을 일으킬 수 있는 스타일에 쓰여요. 지나치게 노출이 심하거나, 사람들이 보기에 민망할 정도로 파격적인 옷차림에 자주 사용되죠. 부정적인 뉘앙스를 담고 있으니 맥락에 따라 조심해서 써야 해요.

> Lady Gaga's meat dress was one of the most **scandalous** outfits ever.
> 레이디 가가의 생고기 드레스는 역대 가장 도발적이고 논란이 된 의상 중 하나였어.

② **slutty** 도발적이고 노출이 심한

slut 문란한 여자에서 파생된 단어로, 성적으로 도발적이거나 부적절하게 노출이 많아 헤퍼 보이는 스타일을 설명할 때 써요. 부정적인 의미가 강해 조롱이나 비하로 들릴 수 있으니, 사용에 주의해야 해요.

> That dress is a bit too **slutty** for the event.
> 그 드레스는 행사에 입기엔 노출이 너무 심해.

③ **revealing** 노출이 많은

피부를 많이 드러내는 차림일 때 쓰는 중립적인 표현이에요. 긍정도 부정도 아닌, 단순히 노출 정도를 묘사할 때 적합하죠.

> That top is quite **revealing**, but it suits you well!
> 그 상의 노출이 좀 많긴 한데, 잘 어울려!

패션만큼 센스 넘치는 스타일 칭찬 표현

🔊 3-04.mp3

패션은 단순히 옷을 입는 것을 넘어, 자신을 표현하는 하나의 방식이에요. 영어권 문화에서는 외모보다는 스타일이나 옷차림 같은 개인의 노력이 담긴 부분을 칭찬하는 것을 더 선호해요. "예쁘다", "멋지다"보다 구체적이고, 영혼이 담긴(?) 칭찬이 상대방의 진심에 더 깊게 다가갈 수 있겠죠? 바다의 고래도 춤추게 한다는 칭찬, 아끼지 마세요!

1 That's a beautiful color on you! 그 색깔 너한테 정말 잘 어울려!

옷이나 액세서리의 색상이 잘 어울릴 때 쓰는 표현이에요. Green really brings out your eyes. 초록색이 네 눈을 돋보이게 해. 처럼 구체적인 색상을 언급해줘도 좋지요!

> 😊 Hey, what do you think about this dress?
>
> 😊 **That's a beautiful color on you!** Pink is definitely your color.

😊 야, 이 원피스 어때?
😊 그 색깔 너한테 정말 잘 어울려! 너 핑크 완전 찰떡이다.

② **I love your style!** 네 스타일 완전 맘에 들어!

전체적인 스타일이나 패션 감각을 칭찬할 때 쓰기 좋은 표현이에요. 이거 어디서 샀냐고 물어보며 자연스럽게 대화를 이어가도 좋겠죠. Your outfit is so cool! 네 옷차림 정말 멋져! / Your outfit is on point! 너 오늘 진짜 멋져! 요렇게 표현할 수도 있어요.

> 😀 OMG, **I love your style!** Where did you get that top from?
>
> 🙂 Thanks! It's from Urban Outfitters!
>
> 😀 대박, 네 스타일 완전 마음에 들어! 상의 어디서 샀어?
> 🙂 고마워! 어반 아웃피터스에서 샀어.

③ **That _____ looks perfect on you!** 그 _____ 너한테 완벽해!

특정 아이템을 딱 집어 칭찬할 때 유용해요. That dress fits you like a glove. 그 원피스 너한테 딱이야. / Those shoes look amazing on you! 그 신발 너한테 정말 잘 어울려!라고 표현할 수도 있죠.

> 😀 How does this shirt look?
> 🙂 **That shirt looks perfect on you!**
>
> 😀 이 셔츠 어때?
> 🙂 그 셔츠 너한테 완벽해!

④ That/This _____ really suits you. 그 _____ 진짜 잘 어울려.

새로운 스타일이 잘 어울릴 때 딱인 표현이에요. suit you 대신 work for you를 써서 That/This _____ really works for you.로도 표현할 수 있어요.

> 😊 Do you like my new look?
> 😊 Wow, **this outfit really suits you!**

😊 새로운 스타일 변화 어때?
😊 와, 이 스타일 진짜 잘 어울린다!

⑤ **That outfit is so you.** 그 착장 완전 네 자체야!

상대방의 개성에 딱 맞는 스타일일 때 쓰는 표현이에요. 마치 그 사람만을 위한 스타일인 것처럼 느껴질 때 That's so you.라고 하죠. 비슷한 표현으로 That's totally your vibe. 그거 네 분위기랑 딱이야.가 있어요.

> 😊 Is this outfit too much?
> 😊 No, not at all. **That outfit is so you!**

😊 혹시 이 옷 너무 과해?
😊 아니 전혀. 그냥 완전 네 자체야!

⑥ **You look so well-coordinated!** 너 정말 코디 잘했어!

아이템 하나하나가 잘 어우러져 전체적인 스타일이 조화를 이룰 때 이렇게 칭찬하죠. 비슷하게 Your accessories match perfectly! 액세서리들이 정말 잘 어울려! / You've got everything perfectly matched. 너 진짜 완벽하게 코디했다. 라고도 할 수 있어요.

😊 Do these shoes match my outfit?
😊 Yes, **you look so well-coordinated!**

😊 이 신발 옷이랑 잘 어울려?
😊 응, 너 정말 코디 잘했다!

⑦ **You have such a great fashion sense!** 너 패션 센스 진짜 좋다!

상대방의 패션 감각을 전반적으로 칭찬할 때 유용한 표현이에요. You've got an eye for fashion. 너 패션 보는 눈이 있네. 이라고 말할 수도 있어요.

😊 **You have such a great fashion sense!**
😊 I mean, I am a fashion designer so.

😊 너 패션 센스 진짜 좋다!
😊 아니, 이래봬도 내가 패션 디자이너잖아.

⑧ I wish I could dress like you. 나도 너처럼 옷 잘 입고 싶어.

패션 감각이 부럽고 배워보고 싶다는 의미를 담고 있어요. 응용해서 I wish I had your style. 네 스타일을 따라 하고 싶어. 이라고 말할 수도 있어요.

> ☺ I wish I could dress like you.
>
> ☺ What do you mean? Your outfits are amazing too!

☺ 나도 너처럼 옷 잘 입고 싶다.
☺ 뭐래? 너도 옷 잘 입잖아!

이 밖에도 You're so fashionable! 너 진짜 패셔너블하다! / You really know how to put together an outfit! 옷 정말 잘 맞춰입네! / You always look so put-together. 넌 항상 옷을 정말 잘 맞춰입는 것 같아. 등 다양하게 표현할 수 있어요. 잘 활용해서 진정한 칭찬의 마법을 경험해 보세요!

블프, 아울렛, 빈티지
미국 쇼핑 공간 탐방

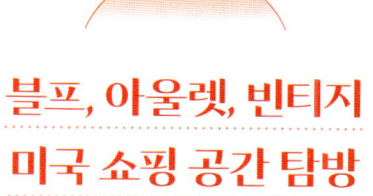
3-05.mp3

미국에서 쇼핑은 단순한 소비가 아니라 하나의 문화예요. 백화점, 아울렛, 쇼핑몰, 중고샵까지— 미국 MZ세대는 스타일과 목적에 따라 다양한 공간을 즐기는데요. 미국 특유의 분위기와 문화를 담은 대표적인 쇼핑 공간들을 함께 살펴볼게요.

1 mall

미국에서 몰은 단순한 쇼핑 공간이 아니라, 먹고 사고 노는 복합 문화 공간이에요. 영화관, 푸드코트, 놀이 공간 등 편의시설이 잘 갖춰져 있고, 겨울엔 따뜻하고 여름엔 시원해서 데이트 장소로도 인기죠. "몰에 가자"는 말이 친구 만나러 간다는 뜻처럼 자주 쓰여요.

> Let's hit the **mall** this weekend!
> 이번 주말 몰에 가자!

2 outlet

아울렛은 정가보다 저렴하게 브랜드 제품을 살 수 있는 득템의 성지예요. Nike, Coach, Levi's 등 인기 브랜드를 합리적인 가격에 살 수 있죠. 여행

객은 물론 미국 MZ세대도 시즌오프나 명절 세일 때 즐겨 찾는 쇼핑 명소예요.

This outlet has crazy deals today!
오늘 여기 아울렛 세일 진짜 미쳤어!

③ **Black Friday**

11월 넷째 주 금요일, 추수감사절 다음날은 미국 최대 세일 이벤트인 블랙 프라이데이로 광클 대란의 날이죠. 새벽부터 매장 앞에 줄을 서고, 오픈과 동시에 뛰어드는 풍경도 종종 볼 수 있어요. 최근엔 사이버 먼데이 Cyber Monday 같은 온라인 세일도 함께 인기랍니다.

I scored a TV for half off on Black Friday!
블랙 프라이데이에 TV 반값에 득템했어!

④ **thrift shop**

빈티지 감성과 친환경 소비의 핫플인 thrift shop은 중고 옷, 책, 가구 등을 저렴하게 살 수 있는 곳이에요. 유행보다 개성을 중시하는 MZ세대에게 인기가 많죠. Goodwill 굿윌, Salvation Army 구세군 같은 매장이 대표적이죠.

I love thrift shopping—it's like a treasure hunt!
빈티지 쇼핑 너무 좋아. 완전 보물찾기 같아!

⑤ department store

Macy's, Nordstrom, Bloomingdale's 같은 미국 백화점은 브랜드별 매장이 입점되어 있어요. 한국 백화점과 비교해 교환·환불 정책이 훨씬 유연하고, 온라인과 오프라인 혜택이 연동되는 경우가 많아 '리턴 천국'이라 불릴 만큼 이용자 중심 문화가 잘 발달되어 있죠. 명절 세일이나 클리어런스 시즌엔 최대 70%까지 할인되기도 하고, 할인 쿠폰이나 멤버십 리워드를 활용하면 득템 확률도 훨씬 높아져요.

Let's check out the **Nordstrom** sale section.
노드스트롬 세일 코너부터 가보자.

얼마예요? 세일해요?
쇼핑할 때 쓸 만한 영어

🔊 3-06.mp3

혹시 해외에서 쇼핑하면서 딱 원하는 아이템을 찾고 싶은데, 영어가 걸림돌이 된 적은 없었나요? 마음에 쏙 드는 옷을 발견했지만, 사이즈가 안 맞거나 환불이 필요한 순간은요? 해외 쇼핑, 자신 있게 즐기고픈 분들을 위해 가격 문의부터 교환, 환불까지 쇼핑 영어 표현들을 딱딱 모았습니다. 이제 어디서든 자신 있게 쇼핑할 준비, 되셨죠?

가격 문의

미국에서는 물건 가격을 직접 묻는 것이 매우 일반적이에요. 가격표를 찾을 수 없을 때는 I can't find the price tag (on this). (이거) 가격표가 안 보이는데요라고 말하며 도움을 요청할 수 있어요.

① **How much is it/this?** 이거 얼마예요?

캐주얼한 쇼핑 상황에서는 How much is it?이나 How much is this?, How much are these?(물건이 여러 개일 때)와 같이 간단한 표현으로 물어보면 됩니다.

☺ I can't find the price tag on this. **How much is it?**
☺ Let me check that for you. It's $49.

☺ 이거 택을 못 찾겠는데, 얘는 얼마예요?
☺ 확인해 드릴게요. 49달러입니다.

☺ **How much are these** sneakers?
☺ Those are $79.99.

☺ 이 운동화 얼마죠?
☺ 79달러 99센트입니다.

② **What's the price of this item?** 이 제품 가격은 얼마인가요?

직접 물건을 고르면서 물어볼 때 유용한 표현이에요. 좀 더 정중한 May I ask the price of this ~? 같은 표현도 있는데, 이메일이 아니라 일상쇼핑 상황이라면 잘 사용하지 않죠.

☺ **What's the price of this** jacket?
☺ It's $65, but members get 15% off!

☺ 이 재킷 가격이 얼마예요?
☺ 65달러인데, 회원은(멤버십 가입하시면) 15% 할인해 드려요!

할인 문의 및 가격 네고

미국에서는 세일이나 할인을 물어보는 것이 흔해요. 할인 쿠폰을 많이 사용하기 때문에 이를 활용한 표현들도 알아두면 편리하죠.

① **Is this on sale?** 이거 할인 중인가요?

행사나 시즌 세일에 해당하는지 확인할 때 가장 간단하게 쓰는 표현이죠. 매장에 따라 특정 행사에만 적용되는 할인도 있잖아요!

> **Is this dress on sale?**
> Yes, it's 10% off.

이 드레스 할인 중인가요?
네, 10% 할인 중이에요.

② **Are there any special discounts?** 혹시 특별 세일/할인 중인가요?

SPA 브랜드처럼 세일 행사나 할인 품목이 자주 바뀌는 매장에서, 주중 특별 할인이나 멤버 전용 할인을 확인하고 싶을 때 유용해요.

> **Are there any special discounts?**
> Yes, we have a 20% discount on all summer clothes.

혹시 특별 세일 중인가요?
네, 여름 옷 전부 20% 할인 중이에요.

③ Can I use a discount coupon for this?
이 상품에 할인 쿠폰 사용할 수 있나요?

미국에서는 쿠폰 사용이 일반적이라 유용한 표현이에요. 쿠폰의 유효 기간이나 제품 적용 여부를 먼저 확인하는 것이 중요해요.

> 😊 **Can I use a discount coupon for this jacket?**
> 😊 **Unfortunately, it seems like your coupon has expired.**

😊 이 재킷에 할인 쿠폰 쓸 수 있을까요?
😊 안타깝게도, 쿠폰이 이미 만료된 것 같아요.

④ Is there any discount available? 할인 가능한가요?

물건을 구입할 때 할인을 받을 수 있는지 물어보는 표현이에요. 현금 결제나 특정 요일에만 적용되는 할인이 있을 수 있으니 참고하세요.

> 😊 **Is there any discount available?**
> 😊 **Yes, if you pay with cash, we can take $2 off that shirt.**

😊 할인 가능한가요?
😊 네, 현금으로 계산하시면 셔츠 2달러 깎아드려요.

5 **Can I get a deal on this?** 이거 좀 깎아주면 안 될까요?

정찰제인 매장이 아니라 네고의 여지가 있는 상점이나 시장에서 물건을 여러 개 구입하거나 높은 금액을 결제했을 때 쓸 수 있어요.

> ☺ **Can I get a deal on this sweater?**
>
> ☺ Let me see... I can knock $5 off for you.

☺ 이 스웨터 좀 깎아주실 수 있나요?
☺ 잠시만요… 5달러 빼드릴게요.

6 **Is there any chance we could get a discount on this?**
혹시 이거 좀 깎아주실 수 있을까요?

더 정중하게 할인 가능 여부를 묻는 표현이에요. 공손히 요청해야 하는 상황에 써보세요.

> ☺ **Is there any chance we could get a discount on this bag?**
>
> ☺ Let me check with the manager, one moment.

☺ 혹시 이 가방 좀 깎아주실 수 있을까요?
☺ 매니저에게 확인해 볼게요, 잠시만요.

사이즈 문의

① Do you have this in another size? 이거 다른 사이즈 있나요?

상품의 다른 사이즈가 있는지 확인할 때 사용하는 표현이에요.

> 😊 Do you have this in another size?
> 😊 Yes, we have it in medium and large.

- 😊 혹시 이거 다른 사이즈도 있나요?
- 😊 네, 미디움과 라지 있어요.

② Do you have/carry this in a (size) _____? 이거 _____ (사이즈) 있나요?

그냥 another size라고 해도 되지만, 구체적인 사이즈를 넣어 물어볼 수도 있어요. have 대신 carry 취급하다를 써도 됩니다.

> 😊 **Do you carry this** jacket **in an X-Large?**
> 😊 Sorry, we only go up to Large in this style.

- 😊 이 재킷 엑스라지 있나요?
- 😊 죄송해요. 이 스타일은 라지까지밖에 안 나와요.

③ Can I get this in a size _____?
이거 _____ 사이즈로 살 수 있을까요?

원하는 사이즈로 구입하고 싶을 때 쓰는 표현이에요. 이때 buy보다는 get을 쓰는 게 더 자연스러워요. buy는 거래 자체에 초점을 두지만, get은 '필요한 것을 손에 넣다'는 뉘앙스를 주어 일상 대화에서 더 자주 쓰이죠.

Can I get this dress in a size small?
이 드레스 스몰 사이즈로 살 수 있을까요?

Can I get these sneakers in a size 5?
이 운동화 5 사이즈로 구매할 수 있을까요?

④ Can I try this in a size _____?
이거 _____ 사이즈로 착용해볼 수 있을까요?

피팅룸에서 특정 사이즈로 착용해보고 싶을 때 사용하는 표현이에요. try 대신 try on이라고도 할 수 있어요.

> 😊 **Can I try this in a size Large?**
> 😊 Of course, the fitting rooms are to your right.

😊 이거 라지 사이즈로 입어봐도 될까요?
😊 물론이죠. 피팅룸은 오른쪽에 있어요.

⑤ I'm looking for my size. 제 사이즈를 찾고 있어요.

자신의 사이즈를 찾고 있을 때 사용해요. I'm looking for ~ ~를 찾고 있어요는 쇼핑할 때도 자주 쓰는 표현이죠.

> 😊 **I'm looking for my size** in this jacket.
> 🙂 Do you know your size?

😊 이 재킷 저한테 맞는 사이즈 찾고 있어요.
🙂 고객님 사이즈가 어떻게 되세요?

⑥ What sizes do you have? 사이즈가 어떻게 나왔어요?

전체 사이즈 옵션을 물어볼 때 유용한 표현입니다. What colors do you have? 색깔이 뭐가 있어요?/ What styles do you have? 어떤 스타일들이 있어요?와 같이 〈What + 옵션〉의 형태로 원하는 정보를 간단히 물어볼 수 있어요.

> 😊 **What sizes do you have** for this sweater?
> 🙂 We have Small, Medium, and Large.

😊 이 스웨터 사이즈 어떻게 나왔나요?
🙂 스몰, 미디움, 라지 있어요.

교환/환불 문의

① I'd like to get a refund, please. 환불 부탁드려요.

I'd like to ~~하고 싶어요는 공손한 요청 표현으로, 환불할 때도 유용하게 쓰여요. get a refund는 '환불을 받다'는 뜻이죠.

> 😊 I'd like to get a refund, please.
> 🙂 Certainly, may I see your receipt?

😊 환불 부탁드릴게요.
🙂 네, 영수증 보여주실 수 있으세요?

② Can I return it for a refund? 이거 환불받을 수 있나요?

Can I ~?~할 수 있나요?로도 환불 가능 여부를 물어볼 수 있어요. return ~ for a refund 환불받으려고 ~을 반품하다는 패턴처럼 입에 착 붙여주세요.

> 😊 Can I return it for a refund?
> 🙂 Yes, as long as it's within 30 days of purchase.

😊 이거 환불받을 수 있나요?
🙂 네, 구매일로부터 30일 이내면 가능합니다.

③ I'd like to exchange this for a different size.
이거 다른 사이즈로 교환하고 싶은데요.

exchange A for B는 'A를 B로 교환하다'라는 뜻으로, 사이즈나 색상 등 옵션을 바꿀 때 유용해요. for a different ~를 쓰면 '다른 것으로' 교환하겠다는 의미가 분명해지죠.

> 😊 I'd like to exchange this for a different size.
> 😊 Let me check if we have the size you need.

> 😊 이거 다른 사이즈로 교환하고 싶어요.
> 😊 필요하신 사이즈가 있는지 확인해 볼게요.

④ Can I exchange it for a smaller/larger size?
이거 더 작은/큰 사이즈로 교환할 수 있나요?

smaller/larger와 같은 비교급을 사용해 원하는 사이즈로 구체적으로 요청할 수 있습니다.

> 😊 Can I exchange it for a larger size?
> 😊 Sure, I'll get the larger size for you.

> 😊 이거 더 큰 사이즈로 교환할 수 있나요?
> 😊 네, 더 큰 사이즈로 가져다 드릴게요.

5 What's your refund/exchange policy?
환불·교환 정책이 어떻게 되나요?

매장에서 환불과 교환 규정을 물어볼 때 쓰는 표현이에요. policy는 규정이나 정책을 의미해요.

> 😊 What's your refund/exchange policy?
> 😊 We offer refunds within 30 days, and exchanges within 60 days.

😊 환불·교환 정책이 어떻게 되나요?
😊 환불은 30일 이내, 교환은 60일 이내 가능합니다.

지름신? 득템?
재미있는 쇼핑 표현

 3-07.mp3

쇼핑을 하다 보면 득템의 기회를 얻고, 기분 전환도 하며, 지름신 강림으로 지갑을 열기도 하죠. 평소엔 아끼다가도 세일이나 스트레스가 겹치는 날엔 손이 먼저 움직이기도 하고요. 때론 충동구매한 후 "OMG, 내가 이걸 왜 샀지?" 현타가 올 때도 있습니다.

이렇게 감정과 상황이 오가는 쇼핑의 세계, 그 순간을 생생하게 표현하는 영어를 소개할게요!

① **shopping spree** 폭풍 쇼핑

spree는 짧은 시간 동안 즐겁게 몰두하는 활동으로, shopping spree는 신나게 쇼핑을 많이 하는 '폭풍 쇼핑'을 의미해요. 보물찾기처럼 여러 물건을 사는 모습을 연상시키죠. 특히 쇼핑몰이나 온라인에서 다양한 물건을 구매할 때 자주 쓰인답니다.

> I just got back from a huge **shopping spree**!
> 방금 엄청나게 많이 쇼핑하고 왔어!

② **impulse buy** 충동구매

impulse는 '충동', buy는 '구매'를 의미해요. impulse buy는 계획 없이 순간적인 충동으로 물건을 사는 상황을 표현하는 말이죠. 예쁜 물건을 보고 "어머, 이건 꼭 사야 해!"라고 생각하는 순간에 잘 어울려요.

> I didn't plan to buy it—it was just an **impulse buy**.
> 살 생각 없었는데, 그냥 눈에 띄어서 샀어.

③ **retail therapy** 힐링 쇼핑

스트레스를 받거나 기분이 꿀꿀할 때, 기분 전환 삼아 하는 쇼핑을 말해요. 쇼핑을 통해 잠깐이나마 위안을 얻는다는 의미죠. sweet spot이나 small joys 같은 표현도 일상의 작은 즐거움을 말할 때 쓰이지만, retail therapy는 쇼핑을 통한 힐링에 초점이 있는 표현이에요.

> I needed some **retail therapy** after that tough week.
> 그 힘든 한 주 끝에 힐링 쇼핑이 필요했어.

④ **splurge** 질러버리다

'한번쯤은 괜찮잖아' 하는 마음으로 평소보다 과감하게 돈을 쓰는 걸 말해요. impulse buy가 계획 없이 순간적으로 지른 거라면, splurge는 약간의 의도를 갖고 기분 전환용으로 팍! 돈을 쓰는 느낌이에요.

> I **splurged** on a new phone.
> 새 휴대폰에 지름신 왔지 뭐야.

⑤ **shop till you drop** 지름신이 강림하다, 지칠 때까지 쇼핑하다

drop은 '떨어지다, 넘어지다'는 뜻으로, shop till you drop은 지름신이 강림한 듯 지칠 때까지 열심히 쇼핑하는 것을 의미해요. shop과 drop이 라임을 이루어 듣기 좋고 쉽게 기억되는 표현이랍니다!

We shopped till we dropped at the outlet mall!
아울렛에서 뻗을 때까지 쇼핑했어!

⑥ **buyer's remorse** 쇼핑 후 현타

remorse는 '후회', buyer는 '구매자'로, buyer's remorse 하면 물건을 사고 나서 후회하는 감정을 의미합니다. "내가 이걸 왜 샀지?"라고 후회할 때, 특히 비싼 물건이나 필요 없는 물건을 충동적으로 샀을 때 자주 쓰는 표현이에요.

I had buyer's remorse after spending so much money on that bag.
그 가방에 그렇게 많은 돈을 쓰다니 쇼핑 후 현타가 왔어.

⑦ **retail therapy hangover** 힐링 쇼핑 후유증

기분 전환을 위해 과하게 쇼핑한 후 남는 피곤함이나 아쉬움을 의미해요. buyer's remorse가 잘못된 선택으로 인한 후회라면, retail therapy hangover는 과한 쇼핑 후의 피로감에 더 초점을 둡니다.

I have a retail therapy hangover from yesterday's shopping.
어제 쇼핑 때문에 힐링 쇼핑 후유증이 왔어.

⑧ **treat yourself** 셀프 선물하다, 스스로에게 보상하다

직역하면 '자신을 대접하다'는 뜻으로, 열심히 일한 뒤 나 자신에게 주는 작은 선물이나 보상을 의미해요. 꼭 비싼 게 아니더라도 기분을 전환하기 위한 '작은 사치'를 긍정적으로 표현할 때 자주 씁니다. 특히 스트레스 받았을 때 "오늘은 나한테 보상 좀 해야지" 같은 느낌으로 많이 쓰여요.

> You've been working hard—go **treat yourself** to something nice!
> 요즘 열심히 일했잖아. 좋은 걸로 하나쯤 너한테 선물해!

⑨ **jaw-dropping shopping** (입이 떡 벌어질 정도로) 깜짝 놀랄 쇼핑

jaw-dropping은 '입이 떡 벌어질 정도로 놀라운' 상황을 뜻해요. 주로 엄청난 할인이나 저렴한 가격, 특별한 제품을 발견했을 때 사용한답니다!

> I found a **jaw-dropping shopping** deal—everything was half off!
> 입이 떡 벌어질 정도의 할인을 발견했잖아. 전부 반값이었어!

⑩ **window shopping** 아이쇼핑

물건을 사지는 않고 진열된 상품을 구경하는 걸 말해요. 비슷한 표현으로 browsing(둘러보기)이나 just looking(그냥 구경 중)이 있어요.

> I'm just **window shopping** today—no actual buying!
> 오늘은 그냥 구경만 할 거야. 진짜 사는 건 아니야!

⑪ big spender 큰손 쇼핑족

돈을 많이 쓰는 사람을 일컫는 표현으로, 고가의 물건을 자주 사는 소위 '큰손'을 말해요. 비슷한 표현으로 명품 구매자나 큰 지출을 즐기는 사람을 지칭하는 high roller가 있어요.

> He's such a **big spender** whenever he goes shopping.
> 그는 쇼핑할 때마다 정말 큰손이야.

⑫ bargain hunting 득템 찾기

세일 제품이나 할인 상품 등, 좋은 가격의 물건을 구하는 것을 말해요. 득템할 기회를 찾는 행동을 생동감 있게 표현한 말로, 비슷한 표현으로 deal digging이나 treasure hunting이 있답니다.

> She loves **bargain hunting** and finds amazing deals every time!
> 걔는 득템 찾기를 좋아해서 매번 놀라운 가격의 물건들을 찾아내!

인스타에서 봤어?
미국 MZ 인기 브랜드

 3-08.mp3

요즘 인스타그램에서 자주 보이는 옷들, 어디 브랜드인지 궁금했던 적 있으신가요?
켄달 제너, 셀레나 고메즈처럼 스타일리시한 셀럽들이 즐겨 입는 브랜드부터, 미국 MZ세대가 사랑하는 인스타 감성 쇼핑템까지 한눈에 정리해 보았습니다.

1 Alo Yoga 알로 요가

Air, Land, Ocean의 약자로, 자연을 상징하는 이름을 가진 요가복 브랜드입니다. 고급 요가복과 애슬레저athleisure 룩으로 편안하면서도 스타일리시한 룩을 찾는 20-30대에게 인기가 많아요. 환경친화적이고 지속 가능한 제품을 지향하는 브랜드 철학을 담고 있죠. 켄달 제너, 지지 하디드 같은 셀러브리티들도 즐겨 입어요.

2 Aritzia 아리치아

캐나다에서 시작된 여성 패션 브랜드로, 심플하면서도 고급스러운 아이템들이 특징이에요. 뉴욕과 LA의 힙스터들hipsters에게 인기가 많고, 셀레나 고메즈가 즐겨 입는 브랜드로도 유명합니다.

③ ASOS 에이소스

As Seen On Screen의 약자로, 영화나 TV에서 본 스타일을 제공하는 데서 출발한 영국 브랜드예요. 다양한 스타일과 체형을 아우르며 합리적인 가격과 의류, 액세서리, 뷰티 등 폭넓은 선택지로 MZ세대에게 사랑받고 있어요.

④ Boohoo 부후

트렌드를 빠르게 반영하는 패스트 패션 브랜드로, 저렴한 가격으로 자주 쇼핑하고 싶어 하는 젊은 층에게 안성맞춤이에요. 스타일 업데이트가 빨라 SNS에서 꾸준히 인기 있어요.

⑤ Brandy Melville 브랜디 멜빌

이탈리아 브랜드예요. 한 가지 사이즈로 다양한 캐주얼 스타일을 선보이며, 주로 젊고 여리여리한 감성을 강조한 아이템으로 10대 여성들에게 인기가 많답니다.

⑥ Doll's Kill 돌스 킬

반항적이고 독특한 감성으로 '순진한 인형을 깨부순다'는 도발적인 의미를 지닌 브랜드 이름을 가지고 있어요. 고딕과 펑크 스타일로, 독특하고 강렬한 개성을 선호하는 이들에게 딱 맞는 브랜드죠.

7 **Edikted** 에딕티드

addicted중독된, 빠져든에서 영감을 받은 이름으로, 런웨이runway 스타일의 유니크한 패션을 선보이며 최근 급부상한 온라인 쇼핑몰이에요. 트렌디하고 개성 있는 룩을 연출하고 싶은 젊은 층에서 인기가 높아요.

8 **Fashion Nova** 패션 노바

최신 트렌드를 빠르게 반영해 대담하고 몸매를 강조하는 스타일로 유명한 패스트 패션fast fashion 브랜드예요. 특히 SNS에서 인플루언서들과의 협업을 통해 큰 인기를 끌며, 카디 비 같은 유명 스타들도 즐겨 입어요. Fashion Nova의 nova는 '새로운'이란 뜻이에요.

9 **Lululemon** 룰루레몬

고급 운동복의 대표 브랜드로, '요가복계의 샤넬'이라 불릴 만큼 고품질과 편안함을 자랑해요. 가격은 조금 비싸지만, 한번 입어보면 다른 레깅스를 못 입을 정도로 편해서 사랑받고 있죠.

10 **Nasty Gal** 내스티 갤

빈티지 스타일에서 영감을 받은 대담한 패션 브랜드로, 독특하고 개성 있는 아이템들이 많아 트렌디한 스타일을 선호하는 젊은 층에게 인기가 많아요. nasty는 '반항적인, 강렬한'이라는 의미이고, gal은 girl을 뜻하는 슬랭이죠.

(11) **Pacsun** 팍선

Pacific Sunwear의 약자로, 캘리포니아 감성의 캐주얼 브랜드입니다. 스케이트보드와 스트리트웨어 스타일을 좋아하는 10대들에게 인기가 많고, 여유롭고 쿨한 캘리포니아 느낌을 잘 담아내고 있어요.

(12) **PrettyLittleThing** 프리티리틀띵

'작지만 예쁜 것들'이라는 의미로, 귀엽고 트렌디한 아이템을 선보이는 패션 브랜드예요. 트렌디하면서도 글래머러스한 스타일이 많고, 가격이 합리적이라 젊은 층에서 꾸준히 인기를 끌고 있어요.

(13) **Princess Polly** 프린세스 폴리

호주 브랜드지만 미국에서도 인기가 높으며, 여성스러운 드레스와 스타일리시한 아이템으로 사랑받고 있어요. 다양한 스타일을 합리적인 가격에 제공해 미국 MZ세대 여성들 사이에서 히트 중입니다.

(14) **Revolve** 리볼브

고급스러우면서도 트렌디한 스타일을 갖춘 온라인 쇼핑몰로, 패션 인플루언서들이 즐겨 찾는 곳입니다. 다양한 브랜드를 모아 트렌드를 선도하며, revolve는 '돌다, 순환하다'는 뜻으로, 최신 트렌드를 제공하는 플랫폼을 상징해요.

(15) **Romwe 롬위**

중국에서 시작된 패스트 패션 브랜드로, 저렴하면서도 트렌디한 아이템들을 제공하여 다양한 스타일을 예산에 맞춰 쇼핑할 수 있어 젊은 층에게 인기예요.

(16) **Shein 쉬인**

최신 트렌드를 빠르게 반영하고 자주 업데이트되는 패스트 패션 브랜드예요. 특히 Gen Z에게 큰 인기를 끌고 있어요. Shein은 She Inside에서 유래한 이름으로, 여성 고객의 취향에 빠르게 대응하겠다는 의미를 담고 있어요.

(17) **Urban Outfitters 어반 아웃피터스**

힙스터, 보헤미안, 빈티지 감성의 스타일로 개성을 중시하는 10-20대에게 인기 있는 브랜드예요. Urban 도시적과 Outfitters 스타일을 입히다를 결합한 이름으로, 개성 있는 젊은 층을 타깃으로 하고 있죠.

Part 4

Beauty

**메이크업부터 스킨케어까지,
뷰티로 익히는 현지 영어 감각**

틴트는 lip stain, 마스크팩은 face mask?
익숙한 단어도 미국에선 다르게 쓰여요.

피부 타입, 메이크업 단계, 쇼핑 대화까지—
SNS와 유튜브에서 자주 듣는 표현 총정리!
영어도 늘고, 예뻐지는 건 덤!

#뷰티영어 #화장품표현 #피부타입 #메이크업영어 #매장회화 #코덕영어

선크림이 영어로?
뷰티 제품 진짜 명칭

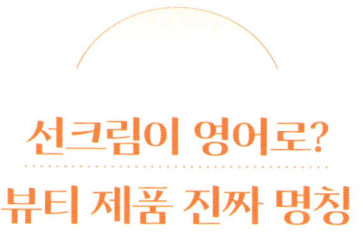

립스틱은 lipstick, 컨실러는 concealer, 파운데이션은 foundation처럼 영어와 한국어가 거의 비슷하게 쓰이는 뷰티 제품도 많아요. 그런데 선크림이나 마스크팩은 영어에서 흔히 쓰는 표현이 아니에요.

여행 중 쇼핑할 때 헷갈리지 않도록, 자주 쓰이는 뷰티 제품의 정확한 영어 명칭을 소개해 드릴게요. "나는 해외에서 화장품 안 살 건데?" 하시는 분도 알아두면 다 피가 되고 살이 되니까 집중, please.

마스크팩 **face mask** (페이스 매스크)	선크림 **sunscreen** (선스크린)

틴트 **lip stain** (립 스테인)	퍼프 **makeup sponge / beauty blender** (메이크업 스펀지 / 뷰티 블렌더)

블러셔 **blush** (블러쉬)	쉐딩 **contour** (컨투어)

* **contour** [kántuər] 1음절에 강세를 넣어 발음할 것

뷰러 **eyelash curler** (아이래쉬 컬러)	인조 속눈썹 **false lashes / falsies** (펄스 래쉬스 / 폴시즈)

* **false lashes** 표준어로 공식적인 표현 | **falsies** 슬랭으로 보다 캐주얼한 표현

픽서 **setting spray** (세팅 스프레이)	톤업 크림 **brightening cream / moisturizer** (브라이트닝 크림 / 모이스처라이저)
	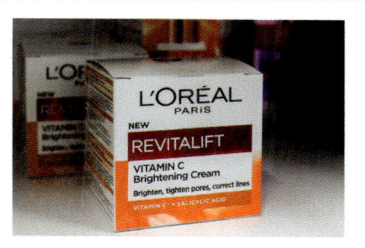
팩트 **compact powder / pressed powder** (콤팩트 파우더 / 프레스드 파우더)	쿠션 **cushion foundation** (쿠션 파운데이션)

제품명이 익숙해 보여도, 영어로 말할 때 실제로 쓰는 표현은 다를 수 있으니 체크해 두세요!

스킨케어부터 메이크업까지
Beauty 영어 표현

🔊 4-02.mp3

피부를 어떻게 관리하고, 어떤 메이크업을 하느냐에 따라 인상도, 분위기도 달라지죠. 그런데 뷰티 유튜브나 제품 설명을 보면 익숙한 듯 낯선 영어 표현이 가득해 당황할 때가 많아요. 특히 '발색', '지속력', '커버력' 같은 말은 바로 영어로 떠올리기 어려운 경우가 많죠.

이번 과에서는 스킨케어부터 메이크업까지, 피부 상태 표현부터 제품 설명까지 뷰티 루틴 전체에 자주 쓰이는 영어 표현을 한 번에 정리해봤어요. 단계별로 흐름에 따라 익혀두면, 해외 뷰티 콘텐츠도 더 쉽고 재미있게 즐길 수 있을 거예요!

피부 타입 & 상태 표현

내 피부를 제대로 표현할 수 있어야 뷰티 관리도 시작할 수 있어요. 우선 피부 상태를 나타내는 필수 영어 표현부터 살펴볼게요.

① **dry skin** 건성 피부

수분이 부족해 쉽게 건조하고 각질이 생기는 피부예요. 미국에서도 겨울

철 dry skin 관리엔 overnight mask 수면팩, humidifier 가습기를 자주 써요.

I have dry skin, especially in winter.
난 피부가 건성인데 특히 겨울에 더 그래.

(2) **oily skin 지성 피부**

피지 분비가 많아 번들거리거나 트러블이 잘 생기는 피부 타입이에요.

My oily skin makes me shiny all day.
지성 피부 때문에 하루 종일 번들거려.

(3) **combination skin 복합성 피부**

T존은 기름지고, 볼은 건조한 복합적인 피부 타입이에요.

I have combination skin, so it's tricky to manage.
난 복합성 피부라 관리가 좀 까다로워.

(4) **sensitive skin 민감성 피부**

향이나 특정 성분 등의 자극에 쉽게 반응하는 민감한 피부예요. 참고로, 정상 피부는 normal skin, 탄력 있는 피부는 resilient skin이에요.

I have sensitive skin, so I avoid harsh products.
나는 민감성 피부라 자극적인 제품은 피해.

⑤ **acne** 여드름

흔히 '아크네'라고 하는데, 정확한 발음은 [애크니]에 가까워요. pimple보다 더 심각하고 여러 개가 난 상태를 말해요. 여드름이 잘 나는 피부는 acne-prone이라고 해요. 화장품 라벨에서도 자주 볼 수 있죠.

> This toner is great for **acne-prone** skin.
> 이 토너는 여드름 잘 나는 피부에 좋아.

⑥ **break-out** 피부 트러블

'갑작스러운 발생'이라는 뜻에서 유래된 표현으로, 피부에 여드름이나 트러블이 갑자기 나는 상태를 말해요. 시험 전이나 스트레스 받을 때 생기는 피부 트러블에 자주 쓰이며, 동사형으로는 break out이라고 해요.

> I had a major **break-out** right before my exams.
> 시험 전에 피부 트러블이 심하게 났어.

⑦ **pimple** 뾰루지

작은 여드름이나 뾰루지를 뜻해요. acne 여드름는 이보다 더 심각하고 여러 개가 난 상태를 말하죠.

> Don't pop your **pimples**!
> 뾰루지 짜지 마.

⑧ **bare face** 민낯, 쌩얼

bare는 '있는 그대로의, 맨'이라는 뜻으로, bare face는 메이크업을 하지 않은 자연 그대로의 얼굴이에요.
반대로 풀메 상태, 특히 컨투어와 하이라이터까지 완벽하게 마무리된 얼굴은 beat face라고 불러요. 여기서 beat는 메이크업 브러시로 두드리며 공들여 화장한 뉘앙스를 담고 있어요.

> I feel comfortable with my **bare face**.
> 나는 쌩얼이 편해.

⑨ **flaky** 각질이 일어나는, 화장이 뜨는

피부가 건조해서 각질이 일어나거나 메이크업이 들뜨는 상태를 말해요.

> My foundation is always **flaky** around my nose.
> 항상 코 부분에 파운데이션 바르면 잘 떠.

⑩ **cakey** 메이크업이 두껍고 뭉친

파운데이션이나 파우더가 두껍고 뭉친 느낌으로 발린 상태를 말해요.

> I hate when my makeup gets **cakey**.
> 메이크업이 두껍게 뭉치는 게 싫어.

⑪ **glowy** 광나는

건강하게 빛나는 피부를 뜻해요. dewy 촉촉하게 빛나는, radiant 화사하게 빛나는, luminous 투명하게 빛나는로도 표현할 수 있죠. 명사로는 glow 광채죠.

> This **glowy** highlighter gives a nice **glow**.
> 이 반짝이는 하이라이터를 바르면 얼굴에 광채가 나.

⑫ **dull** 칙칙한, 생기 없는

피부가 푸석하고 생기가 없는 상태를 말해요. 미국 뷰티 광고에서 brighten dull skin처럼 '생기 없는 피부를 개선한다'는 문구를 자주 볼 수 있어요.

> My skin looks **dull** without sleep.
> 잠을 못 자면 피부가 칙칙해 보여.

⑬ **flawless** 결점 없는

깨끗하고 완벽한 피부 상태를 말해요. 뷰티 콘텐츠에서 자주 등장하는 표현이죠.

> Your makeup looks **flawless** today.
> 너 오늘 메이크업 정말 완벽해.

14 pore 모공 / sebum 피지

pore는 피부 표면의 작은 구멍을, sebum[síːbəm]은 그 안에서 분비되는 피지를 의미해요. 피지 분비가 많으면 모공이 넓어지고 트러블breakouts이 생기기 쉬워요.

> I use toner to shrink my **pores** and control **sebum**.
> 나는 모공을 조이고 피지를 조절하기 위해 토너를 사용해.

15 rough 거친

피부가 매끄럽지 않고 거칠어진 상태를 말해요.

> My skin feels **rough** these days.
> 요즘 피부가 거칠어.

16 under-eye bags 눈 밑 다크서클

눈 밑이 부풀어 있거나 어두운 상태를 뜻해요. 미국에서는 애교살 메이크업이 익숙하지 않아서, 외국인 친구들이 Why are you drawing under-eye bags? 다크서클을 왜 그려? 라고 묻기도 해요.

> My **under-eye bags** are worse today.
> 오늘 눈 밑 다크서클이 더 심해졌어.

⑰ **wrinkle** 주름

나이가 들면서 생기는 피부 주름을 말해요. 주름이 많은 상태는 wrinkly 라고 표현하죠.

Wrinkles are a natural part of aging. 주름은 자연스러운 노화 과정이야.

⑱ **shimmer** 은은한 반짝임

shimmer는 메이크업에서 은은하게 빛나는 반짝임을 말해요. glitter보다 자연스러운 느낌이에요.

I added a touch of **shimmer** to my eyeshadow.
아이섀도우에 은은한 반짝임을 더했어.

스킨케어 단계 표현

스킨케어 단계는 대부분 간단한 동사 하나로 표현돼요. 루틴 설명이나 제품 사용법을 쉽게 이해하려면 이 기본 동사들을 알아두면 좋아요.

① **cleanse** 세안하다

클렌징 오일, 폼 클렌저로 얼굴을 깨끗이 씻을 때 써요. double cleansing 이중세안은 K-뷰티 루틴에서 온 개념으로, 해외에도 점점 퍼지고 있어요.

Double cleanse with a face wash. 클렌징 폼으로 이중세안 하세요.

＊ **face wash** '세안제' 또는 '세안용 클렌저'를 뜻하는 포괄적인 표현 (foam cleanser도 여기에 포함됨)

② **exfoliate** 각질 제거하다

스크럽이나 필링젤 등으로 묵은 각질을 제거할 때 써요. scrub보다 포멀하고 자극이 덜한 느낌이죠.

> I **exfoliate** once or twice a week.
> 일주일에 한두 번 각질 제거해.

③ **tone your skin** 피부결을 정돈하다

스킨, 토너로 피부결을 정돈하고 피부 pH를 맞춰주는 단계예요.

> **Use a toner** to refresh your skin.
> 토너로 피부결을 정돈해 주세요.

④ **hydrate** 수분을 공급하다

건조한 피부에 수분을 채워주는 동작이에요. 수분 미스트 hydrating mist, 세럼 같은 제품에서 자주 보이는 표현이죠.

> This serum helps to **hydrate** dry skin.
> 이 세럼이 건조한 피부에 수분을 채워줘요.

⑤ **moisturize** 보습하다

수분이 날아가지 않도록 피부에 수분막을 형성해주는 단계예요. hydrate는 수분을 주는 것, moisturize는 그 수분을 유지하는 느낌이죠.

Moisturize daily to avoid dryness.
건조함을 막기 위해 매일 보습해줘.

⑥ **massage** 마사지하다

부드럽게 문지르며 바르는 동작이에요. pat 톡톡 두드리다, rub 강하게 문지르다 와 구분돼요.

Gently **massage** your face while cleansing.
세안할 때 얼굴을 부드럽게 마사지하세요.

⑦ **rinse off** 헹궈내다

팩이나 클렌저 등을 물로 씻어낼 때 써요. wash off보다 잔여물만 부드럽게 제거하는 느낌이에요.

Rinse off the mask after 10 minutes.
10분 후에 팩을 헹궈내세요.

메이크업 동사 표현

① **apply** 바르다, 적용하다

메이크업 제품을 꼼꼼하게 고르게 펴 바를 때 자주 써요. 스킨케어에도 쓰이지만, 메이크업 단계에서는 더 정교한 동작으로 느껴져요.

Don't forget to **apply** sunscreen before walking out!
나가기 전에 선크림 바르는 거 잊지 마!

② **put on** 바르다, 착용하다

무언가를 몸에 '덧입히는 동작'을 말해요. apply보다 더 캐주얼한 느낌이며, 옷, 액세서리, 향수 등에도 널리 쓰입니다.

Give me 20 minutes. I need to **put on** some makeup real quick.
20분만 줘. 화장 금방 할게.

③ **wear** 입다, 착용하다

메이크업이나 옷을 '하고 있는 상태'를 표현해요. 이미 바른 뒤의 상태를 나타낼 때 쓰이죠.

I'm **wearing** pink lipstick today!
나 오늘 핑크 립스틱 발랐어!

4 cover 가리다

잡티나 다크서클 같은 피부 결점을 가릴 때 쓰는 표현이에요. '커버력'은 coverage인데, light/medium/full coverage로 나누죠.

> Use a **full-coverage** foundation for flawless skin.
> 완벽한 피부 표현을 위해 풀 커버리지 파운데이션을 사용하세요.

5 pat 톡톡 두드리다

메이크업이 잘 밀착되도록 퍼프나 손가락으로 가볍게 두드려 바를 때 써요. 아기의 등을 토닥일 때도 pat을 쓰죠.

> After applying foundation, **pat** your face with a sponge.
> 파운데이션을 바른 후, 퍼프로 얼굴을 가볍게 두드려 주세요.

6 dab 살짝 찍어 바르다

손가락이나 브러시로 소량의 제품을 살짝 찍어 바를 때 써요. pat보다 더 섬세하고 조심스러운 느낌이에요. 주로 작은 부위를 커버할 때 쓰죠.

> **Dab** concealer under your eyes.
> 눈 밑에 컨실러를 살짝 찍어 발라 주세요.

⑦ **rub** 문지르다

피부를 손으로 비비거나 문지르는 동작을 말해요. 섀도우나 립스틱을 바를 때는 apply, blend, smooth out 같은 표현이 더 자연스러워요.

> Don't **rub** your eyes when you have makeup on.
> 메이크업했을 땐 눈을 비비지 마.

⑧ **smooth out** 고르게 펴 바르다

파운데이션이나 크림을 피부에 매끄럽게 펴 바를 때 써요. 단순히 바르는 동작보다 '결을 정리해 고르게 만드는' 느낌이에요.

> Gently **smooth out** the cream on your skin.
> 피부에 크림을 부드럽게 펴 바르세요.

⑨ **bake** 베이킹하다

눈 밑, T존, 턱선 등에 컨실러를 바른 후 루즈 파우더를 얹고 잠시 두었다가 털어내는 메이크업 기법이에요.

> Let the powder **bake** for about 5 minutes before brushing it off.
> 파우더를 5분 정도 올려뒀다가 털어내 주세요.

⑩ fix 고정하다

화장이 무너지지 않게 고정해주는 동작이에요. 픽서 setting spray를 쓰면 메이크업을 오래 유지해줄 수 있죠.

Use setting spray to **fix** your makeup.
픽서를 뿌려서 메이크업을 고정해 주세요.

⑪ remove 지우다, 제거하다

화장솜 cotton pads 이나 리무버 makeup remover 로 메이크업을 지울 때 쓰는 표현이에요.

Use cotton pads to **remove** makeup.
화장솜을 사용해서 메이크업을 지워주세요.

메이크업 제품 설명 표현

① **crease-proof** 주름 끼임을 방지하는

crease는 주름, crease-proof는 메이크업이 주름에 끼지 않도록 막아주는 기능이에요. 주로 컨실러나 파운데이션에서 강조되죠.

> This concealer is **crease-proof.**
> 이 컨실러는 주름에 끼지 않아요.

② **long-lasting / long-wear** 오래 지속되는

메이크업이나 향수가 오랫동안 지속될 때 쓰는 표현이에요. 립스틱, 파운데이션 등 다양한 제품에 사용되죠.

> I need a **long-wear** lipstick for today.
> 오늘은 오래가는 립스틱이 필요해.

③ **pigment** 발색력, 발색하다

pigment는 색소를 뜻해요. 메이크업에서는 색이 얼마나 선명하게 표현되는지를 말하죠. high pigment는 발색이 뛰어난 제품이에요.

> The eyeshadow is **highly pigmented.**
> 이 아이섀도우는 발색력이 좋아.

④ **smudge-proof** 번지지 않는

smudge는 번지거나 얼룩지게 하는 것을 의미해요. smudge-proof는 마스카라나 아이라이너가 번지지 않도록 고정해주는 기능이죠.

> This eyeliner is **smudge-proof.**
> 이 아이라이너는 번지지 않아요.

⑤ **swatch** 발색 테스트

시계 브랜드로도 친숙한 swatch는 원래 원단이나 페인트의 작은 샘플을 뜻해요. 메이크업에서는 피부에 색을 테스트해 발색과 질감을 확인하는 걸 말하죠.

> I love doing makeup **swatches!**
> 발색 테스트하는 거 정말 좋아해!

⑥ **waterproof** 방수 기능의

땀이나 물에 강한 제품에 붙는 표현이에요. 우리도 '워터프루프'라는 말 자주 쓰죠.

> **Waterproof** mascara lasts through sweat and tears.
> 워터프루프 마스카라는 땀과 눈물에도 멀쩡해.

외모 변화와
뷰티 스타일 관련 표현

🔊 4-03.mp3

스타일이 확 달라졌을 때, 메이크업이 찰떡일 때, 애정템을 다 썼을 때—이럴 때 영어로 어떻게 표현할까요? 이번에는 외모 변화부터 메이크업 표현까지, SNS와 일상에서 자주 쓰는 뷰티 영어를 정리했어요!

① **glow up** 극적인 외모 변화

외모나 스타일이 눈에 띄게 좋아지는 긍정적인 변화를 뜻해요. 사춘기를 지나 성숙해졌을 때나, 다이어트·스타일 변화로 확 예뻐졌을 때 자주 쓰죠.

She had a major **glow up** over the summer!
걔 이번 여름 지나면서 정말 예뻐졌어!

② **slay** 죽여주다, 끝내주다

glow up으로 완전 달라졌을 때, 사람들은 이렇게 말해요—She slayed! slay는 원래 '죽이다'라는 뜻이지만, 요즘은 '완전 멋지다', '압도적으로 잘했다'는 뜻으로 자주 쓰여요.

She **slayed** the runway.
그녀, 런웨이 찢었어!

③ **makeover** 변신

makeover는 스타일이나 외모에 큰 변화를 줄 때 쓰는 표현이에요.
complete makeover는 완벽한 변신을 의미해요.

> She gave herself a complete **makeover** for prom!
> 걔 프롬 파티를 위해 완벽 변신했어!

④ **on fleek** 완벽한 상태

뭔가가 완벽하거나 매우 잘 되어 있다는 의미로, 특히 눈썹 eyebrow 메이크업이 날렵하고 깔끔하게 완성되었을 때 써요. SNS에서 유행한 표현이죠.

> Girl, your eyebrows are **on fleek**!
> 얘, 너 눈썹 정말 갓벽해!

⑤ **pop** 눈에 띄게 빛나는

색감이 강렬하거나 메이크업이 돋보일 때 쓰는 표현이에요.

> That eyeshadow really makes your eye color **pop**!
> 그 아이섀도우는 네 눈동자 색깔을 더욱 빛내줘!

⑥ **hit pan / panning** 제품 바닥이 보이다 / 끝까지 쓰고 있는

hit pan은 파우더나 섀도우의 바닥이 드러날 만큼 많이 사용했을 때 쓰는 표현이에요. 주로 화장품을 거의 다 쓴 상태를 의미하죠. panning은 제품을 끝까지 다 쓰기 위해 꾸준히 사용하는 것을 말해요.

> I finally **hit pan** on my favorite eyeshadow!
> 드디어 최애 아이섀도우 바닥이 보이기 시작했어!

> These are the eyeshadows I'm currently **panning**.
> 요즘 끝까지 쓰고 있는 아이섀도우 제품들이야.

⑦ **touch up** 수정하다, 보완하다

무너진 메이크업을 살짝 고칠 때 자주 써요. makeup touch-up 또는 동사처럼 touch up my makeup으로도 많이 써요.

> I need to **touch up** my makeup before the meeting.
> 회의 전에 메이크업 좀 수정해야겠어.

⑧ **fresh-faced** 화장기 없는 생기 있는 얼굴

메이크업 안 했거나 아주 자연스러운 얼굴인데도 산뜻하고 생기 있어 보일 때 써요. bare face 쌩얼를 긍정적으로 표현한 말이죠.

> She looks **fresh-faced** and glowing.
> 걔는 쌩얼도 생기 있고 빛이 나.

요즘 인기 있는 메이크업/뷰티 트렌드

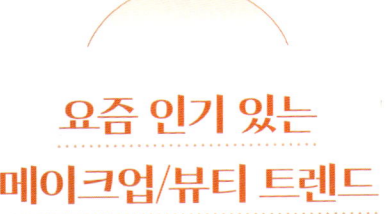

4-04.mp3

메이크업과 뷰티 트렌드는 매 시즌 빠르게 변해요. 글로우 피부가 대세였다가 매트한 마무리가 뜨기도 하고, 매년 새로운 스타일이 계속 등장하죠. 요즘은 이름부터 독특하고 따라 해보고 싶은 트렌드가 많아요. 미국과 SNS에서 인기를 끌고 있는 대표적인 트렌드들을 함께 살펴볼까요?

① Glass Skin 글래스 스킨

유리알처럼 맑고 투명하게 빛나는 피부를 뜻하는 표현으로, 2018년 한국에서 시작해 전 세계에서 주목받았어요. 여러 단계의 보습과 얇고 촉촉한 파운데이션, 은은한 하이라이터로 완성돼요. 반짝반짝 빛나는 피부를 원하는 분들께 추천해요.

How do you get such clear, glass skin?
어떻게 하면 그렇게 맑은 유리알 피부가 될 수 있어?

② **Pearl Skin 펄 스킨**

2022년 말부터 유행한 메이크업으로, 진주처럼 은은하고 부드러운 광채를 표현해요. 피부 톤에 맞는 크림이나 리퀴드 타입 하이라이터를 볼륨감이 필요한 이마, 볼 등에 살짝만 얹어야 자연스럽고 고급스러운 피부를 연출할 수 있어요.

I love the soft glow of this **pearl skin** look.
이 펄 스킨의 은은한 광택이 정말 마음에 들어.

③ **Cold Girl Makeup 콜드 걸 메이크업**

겨울 바깥바람에 살짝 홍조가 오른 듯한 메이크업이에요. 글로시한 립에 살짝 반짝이는 아이섀도우를 바르고, "나 방금 눈사람 만들다 왔어!" 하는 것처럼 볼과 코에 장밋빛 블러셔를 듬뿍 올려 눈사람처럼 사랑스러운 느낌을 주며 겨울철 생기를 표현하죠.

I love the **Cold Girl Makeup** look—this blush gives me a perfect winter glow!
콜드 걸 메이크업 너무 좋아. 이 블러셔 덕분에 완전 겨울 광채가 나!

④ **Latte Makeup** 라떼 메이크업

2023년 트렌드로, 따뜻한 커피를 연상시키는 은은한 브라운과 베이지 톤을 활용해요. 눈과 볼, 입술에 부드러운 색감을 더해 자연스럽고 세련된 분위기를 연출하죠. 팬톤에서 2025 올해의 컬러로 선정한 '모카 무스'와도 잘 어울려요.

The warm tones in **latte makeup** are perfect for fall.
라떼 메이크업의 따뜻한 색감은 가을에 딱이야.

⑤ **Strawberry Makeup** 딸기 메이크업

볼과 코에 상큼한 장밋빛 블러셔, 핑크 립을 발라 딸기처럼 상큼한 분위기를 연출하는 메이크업이에요. 가짜 주근깨까지 더하면 귀엽고 사랑스러운 느낌이 완성되죠.

My **strawberry makeup** gives me a fresh, cute look.
딸기 메이크업이 상큼하고 귀여운 느낌을 줘.

⑥ No-Makeup Makeup 노 메이크업 메이크업

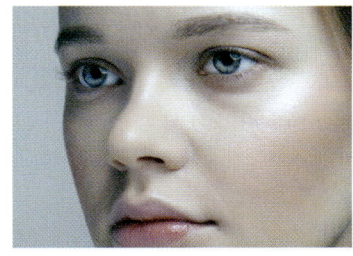

'꾸안꾸' 스타일의 대표로, 화장을 안 한 듯 자연스러운 메이크업이에요. 피부 본연의 아름다움을 살리면서도 미세한 결점을 슬쩍 가려주는 스타일이에요. 가벼운 파운데이션과 자연스러운 눈썹, 립밤 정도로 청초하고 깨끗한 이미지를 연출하죠.

> With **no-makeup makeup**, I look fresh but still polished.
> 꾸안꾸 메이크업 덕분에 화장 안 한 듯 산뜻하면서도 깔끔하고 세련돼 보여.
>
> * **polished** '깔끔하면서도 세련된' 인상을 의미

⑦ Soft Glam/Full Glam Makeup 소프트 글램/풀 글램 메이크업

이목구비와 윤곽을 살리는 메이크업이에요. Soft Glam은 베이지·브라운 계열과 은은한 하이라이터로 부드럽고 우아한 분위기를, Full Glam은 강렬한 색조와 또렷한 음영을 강조하는 컨투어링 contouring으로 드라마틱한 분위기를 연출해요. Soft Glam은 데일리 룩, Full Glam은 파티나 특별한 날에 어울리죠.

Soft Glam

Full Glam

> **Soft glam** is my go-to for a natural but elegant look.
> 자연스러우면서도 우아한 스타일을 원할 때 소프트 글램을 해.
>
> * **go-to** (목적, 요구에) 최고인 것

⑧ **Cherry Cola Lips** 체리 콜라 립

2023년에 떠오른 립 트렌드로, 체리콜라처럼 깊은 레드와 브라운이 조화를 이루는 색감이에요. 글로시한 마무리가 성숙하면서도 개성 있는 분위기를 연출하죠.

I love how **cherry cola lips** make my look bold yet sophisticated.

체리 콜라 립 덕분에 과감하면서도 세련된 느낌이 드는 게 아주 맘에 들어.

⑨ **Heat Stroke Makeup** 히트 스트로크 메이크업

직역하면 '열사병 메이크업'인데, 2023년 여름 유행한 스타일이에요. 햇볕에 살짝 그을린 듯한 건강한 홍조가 특징이죠. 브론저와 블러셔로 해변에서 하루 보낸 듯한 붉은빛을 더해 생기 있는 피부를 연출해요. 너무 진하면 얼굴이 탄 것처럼 보일 수 있으니 양 조절이 중요하죠.

This blush gives me a perfect **Heat Stroke Makeup** glow!

이 블러셔 덕분에 딱 히트 스트로크 메이크업 느낌이야!

⑩ Sugar Plum Fairy Makeup 슈가 플럼 페어리 메이크업

〈호두까기 인형〉 속 캐릭터에서 영감을 받은, 동화 속 요정fairy 같은 사랑스러움과 반짝임이 강조된 메이크업이에요. 파스텔 퍼플과 핑크 톤, 글리터와 하이라이터, 글로시 립으로 몽환적인 느낌을 연출하죠. 2023년 겨울, 헤일리 비버가 선보이며 SNS에서 화제가 됐어요.

The shimmer in this **sugar plum fairy** look is so dreamy.
슈가 플럼 페어리 스타일의 은은한 반짝임이 정말 몽환적이야.

⑪ Eyebrow Blindness 눈썹 현타

직역하면 '눈썹 맹목'인데, 트렌드를 맹목적으로 따라 하다가 나중에 '내가 저렇게 눈썹을 그렸다고?'라고 현타가 오는 상황을 말해요. 저도 예전 사진을 보면서 '헉, 이게 내 눈썹이었다고?'라며 깜짝 놀랐던 기억이 있죠! 과거의 눈썹 스타일을 돌아보는 것, 자신에게 맞는 눈썹을 찾기 위한 재미있는 방법이죠.

Looking back, I had a serious case of **Eyebrow Blindness** back then!
돌아보니, 그때 눈썹 스타일에 심각하게 현타 왔어!

얼평처럼 들리지 않게!
메이크업 칭찬 표현

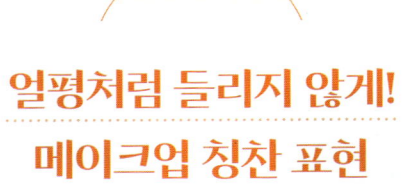

"너 오늘 메이크업 찰떡이다!", "메이크업 되게 잘됐네!"는 영어로 어떻게 말할까요? 미국에서는 칭찬이 외모 평가처럼 들리지 않도록 주의하는 게 중요해요. 너무 디테일한 부분보다 전체적인 인상에 대해 이야기하는 게 자연스럽죠. 예를 들어, Your lipstick shade is a great match for your eyes.보다는 Loving your look today!처럼 말하는 것이 부담없이 호감을 표현하는 방법이에요.

전반적인 메이크업이나 분위기를 칭찬할 때

① Your makeup is flawless! 메이크업이 완벽해!

flawless는 '흠 없는, 완벽한'이라는 뜻이에요. 매끈하고 정교하게 마무리된 메이크업을 칭찬할 때 좋아요.

> 😊 Your makeup is flawless!
> 😊 Aww, thank you! I put extra effort into it today.

> 😊 너 메이크업 정말 완벽해!
> 😊 와, 고마워! 오늘 신경 좀 썼거든.

② **Your makeup is on point today!** 오늘 메이크업 완전 찰떡이야!

on point는 '완벽하게 맞아떨어진'이라는 뜻으로, 메이크업이 센스 있게 잘 어울릴 때 사용해요.

- 😊 Your makeup is on point today!
- 😊 Thanks! I'm glad you noticed.

- 😊 오늘 메이크업 완전 찰떡이야!
- 😊 고마워! 알아봐줘서 기뻐.

③ **Loving your makeup today!** 오늘 메이크업 진짜 마음에 들어!

(I'm) Loving ~은 순간적으로 강한 호감을 표현할 때 써요.

- 😊 Loving your makeup today!
- 😊 Aww, you're so sweet!

- 😊 오늘 메이크업 진짜 예쁘다!
- 😊 어머, 고마워! 너 진짜 다정하다!

＊ **Aww** 상대의 칭찬, 다정한 말, 귀여운 행동 등에 감동받았을 때 나오는 감탄사

④ **Your makeup is stunning!** 메이크업 정말 멋져!

눈에 띄게 멋진 메이크업을 칭찬할 때 사용해요. stunning은 '매우 인상적이고 아름다운'이란 뜻으로, stunning view, stunning dress처럼 시선을 사로잡는 대상을 묘사할 때 자주 쓰이죠.

> 😊 Your eye makeup is stunning!
> 😊 Thanks! I tried something new today.

😊 눈 화장 진짜 예쁘다!
😊 고마워! 오늘 좀 색다르게 해봤어.

⑤ **You look like a whole filter IRL.** 너 지금 완전 살아있는 필터 같아.

IRL은 in real life 현실 상황에서의 줄임말이에요. 마치 필터를 씌운 것처럼 완벽한 메이크업일 때 유쾌하게 과장해서 하는 말이죠.

> 😊 You look like a whole filter IRL!
> 😊 Haha, stop it! You're making me blush!

😊 너 진짜 살아있는 필터 같아!
😊 하하, 그만해! 너 때문에 얼굴 빨개지잖아!

특정 부분을 칭찬할 때

① Your brows are on fleek! 눈썹이 완전 예술이야!

on fleek은 '완벽하게 정돈된' 상태로, 특히 눈썹 칭찬에 많이 쓰여요.

> 😊 Your brows are on fleek!
> 😊 Thanks! It took me forever to get them right.

> 😊 너 눈썹 진짜 완벽해!
> 😊 고마워! 눈썹 정리하는 데 진짜 오래 걸렸어.

② Your highlighter's poppin'!
하이라이터 덕분에 얼굴에 광채가 장난 아니다!

poppin'은 강렬하고 눈에 띄는 걸 표현할 때 쓰는 슬랭이에요.

> 😊 Your highlighter's poppin'!
> 😊 Haha, I went heavy on it today.

> 😊 너 하이라이터 덕분에 얼굴에 광채가 장난 아닌데!
> 😊 하하, 오늘 좀 과하게 발랐어.

③ **Those lashes are giving me life! 속눈썹 죽인다 진짜!**

give me life는 감탄이나, 인상적인 요소를 칭찬할 때 쓰는 표현이에요.

> 😊 **Those lashes are giving me life!**
> 😊 **OMG, you're too kind!**

😊 속눈썹 죽인다 진짜!
😊 세상에 고맙기도 하지, 너 정말 다정하다!

④ **Your contour game is strong! 쉐딩 진짜 장난 아니다!**

game is strong은 스킬이나 스타일이 뛰어날 때 쓰는 Gen Z 표현이에요.

> 😊 **Your contour game is strong!**
> 😊 **Thank you! I've been practicing a lot.**

😊 너 쉐딩 진짜 잘했네!
😊 고마워! 요즘 연습 많이 했거든.

⑤ **Your brows are snatched!** 눈썹 끝내준다!

snatched는 MZ세대 사이에서 많이 쓰이는 슬랭이에요. 원래는 '낚아챈'이란 뜻인데, 최근 '세련되고 멋진'이라는 의미로 쓰이는 신조어이죠.

😊 **Your brows are snatched!**
😊 **Thanks, I finally nailed them today!**

😊 너 눈썹 진짜 끝내준다!
😊 고마워, 오늘 드디어 제대로 했어!

⑥ **That highlight is blinding!** 하이라이터가 눈부셔!

blinding은 말 그대로 '눈이 부실 정도로 빛나는' 상태를 표현해요.

😊 **That highlight is blinding!**
😊 **Haha, I guess I overdid it a bit!**

😊 너 하이라이터 정말 눈부셔!
😊 하하, 조금 과하게 발랐나 봐!

⑦ That eyeshadow blend is seamless!
아이섀도우 블렌딩이 완전 자연스러워!

seamless는 경계 없이 매끄럽게 이어진 상태를 표현해요.

😊 That eyeshadow blend is seamless!

☺ Thank you! It took some time to get it right.

😊 너 아이섀도우 블렌딩 완전 자연스러워!
☺ 고마워! (제대로) 블렌딩 하는 데 시간 좀 걸렸어.

⑧ That winged liner is pure precision!
아이라인 진짜 깔끔하게 잘 그렸다!

precision은 '정확함'이라는 뜻으로, winged liner끝부분을 날개처럼 올려 그린 아이라인처럼 섬세하게 그린 아이라인에 잘 어울려요.

😊 That winged liner is pure precision!

☺ Thank you! It took a steady hand!

😊 너 아이라인 진짜 깔끔하게 잘 그렸다!
☺ 고마워! 손 떨리지 않게 집중했어!

⑨ Your bronzer is perfectly warmed up!
브론저가 완전 자연스럽게 따뜻해 보여!

bronzer는 얼굴에 따뜻한 색감을 더해 건강한 느낌을 주는 제품이에요. 우리가 보통 '쉐딩'이라고 부르는 contour가 얼굴 윤곽을 살려 입체감을 주는 제품이라면, bronzer는 얼굴에 생기를 더해주죠.

> ☺ **Your bronzer is perfectly warmed up!**
> ☺ **Aww, you noticed! Thanks!**

☺ 너 브론저 완전 자연스럽다!
☺ 어머, 알아봐줘서 고마워!

뷰티 제품 어디서 살까?
핫한 미국 브랜드 & 매장

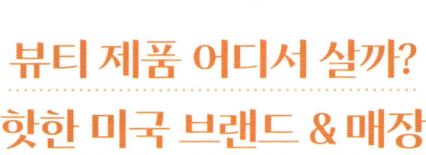
4-06.mp3

해외 직구나 미국 여행 중 뷰티 제품을 사고 싶다면 이 정보가 유용할 거예요. 요즘은 셀럽 브랜드와 클린 뷰티가 큰 인기를 끌고 있어요. 미국 MZ 세대에게 주목받고 있는 인기 브랜드들을 소개할게요!

미국 MZ 인기 뷰티 브랜드 TOP 10

① Rare Beauty 레어 뷰티

셀레나 고메즈가 만든 브랜드로, 자연스러운 아름다움과 자기 수용을 지향해요. 수익 일부는 정신 건강 재단 Rare Impact Fund에 기부하며, 사회적 가치도 실천하죠. 대표 제품은 Soft Pinch Liquid Blush로, 셀레나 고메즈가 직접 사용하는 것으로도 유명해요.

② Rhode 로드

저스틴 비버의 아내인 헤일리 비버가 만든 스킨케어 브랜드예요. 미니멀한 루틴과 윤기 있는 피부 표현을 추구하죠. 대표 제품은 Peptide Glazing Fluid로, '글레이즈드 도넛'처럼 반짝이는 피부를 연출해줘요.

③ Haus Labs 하우스 랩스

레이디 가가가 만든 비건 뷰티 브랜드예요. 대담하고 예술적인 메이크업을 선보이며, 성분도 클린해요. 대표 제품은 Triclone Skin Tech Foundation과 Le Monster Lip Crayon이에요.

④ Glossier 글로시에

'노 메이크업 메이크업 no-makeup makeup' 스타일로 유명한 브랜드예요. 자연스러운 생기와 투명한 피부 표현을 지향하죠. 대표 제품은 Boy Brow와 Cloud Paint예요.

⑤ Milk Makeup 밀크 메이크업

간편하고 창의적인 제품이 많은 클린 뷰티 브랜드예요. 메이크업 초보도 쉽게 쓸 수 있죠. 대표 제품은 Hydro Grip Primer와 Lip + Cheek Stick이에요.

⑥ Fenty Beauty 펜티 뷰티

리한나가 만든 브랜드로, 모든 피부 톤을 위한 다양한 색상 옵션이 강점이에요. 대표 제품은 Pro Filt'r Foundation과 Gloss Bomb Lip Gloss예요.

⑦ **Kosas 코사스**

스킨케어와 메이크업을 결합한 클린 뷰티 브랜드예요. 피부에 좋은 성분을 사용해 건강한 피부 표현을 도와줘요. 대표 제품은 Revealer Concealer와 Tinted Face Oil이에요.

⑧ **Tower 28 Beauty 타워 28 뷰티**

민감성 피부를 위한 클린 뷰티 브랜드예요. 자극 없는 성분만 사용해서 안심하고 쓸 수 있죠. 대표 제품은 ShineOn Lip Jelly와 BeachPlease Tinted Balm이에요.

⑨ **HUDA Beauty 후다 뷰티**

강한 발색과 선명한 색조 메이크업을 좋아하는 사람들에게 인기 있는 브랜드예요. 아이섀도우 팔레트와 리퀴드 립스틱이 특히 유명하죠. 창립자 후다 카탄의 튜토리얼도 큰 화제를 모았어요.

⑩ **Anastasia Beverly Hills 아나스타샤 베버리 힐즈**

눈썹 메이크업으로 잘 알려진 브랜드예요. 대표 제품은 Brow Wiz와 Dipbrow Pomade로, 메이크업 아티스트들도 즐겨 써요. 아이섀도우 팔레트와 컨투어 키트도 인기죠.

미국 가면 꼭 봐야 할 뷰티 매장

미국 여행이나 유학 중이라면, 뷰티 제품을 현지에서 직접 사보는 것도 좋은 경험이에요. 한국의 올리브영처럼, MZ세대들이 사랑하는 다양한 뷰티 브랜드를 한자리에서 만날 수 있는 매장이 많답니다. 트렌드를 직접 체험하고, 영어 표현도 자연스럽게 익혀보세요.

① Sephora 세포라

프리미엄 뷰티 브랜드들이 모여 있는 대표 매장이에요. 메이크업, 스킨케어, 헤어케어 제품까지 다양하게 갖춰져 있어요. Fenty Beauty, Rare Beauty, HUDA Beauty는 물론, 세포라 단독 브랜드도 많아 특별한 제품을 찾는 데 제격이죠.

② Ulta Beauty 울타 뷰티

고급 브랜드와 드럭스토어 브랜드를 함께 판매하는 미국 대표 뷰티 매장이에요. 메이크업부터 헤어, 네일까지 토탈 케어가 가능하고, 매장 내 미용실이나 스킨케어 서비스도 이용할 수 있어요. 다양한 브랜드를 비교하며 합리적인 쇼핑을 하고 싶다면 추천해요.

③ **Drugstore** 드럭스토어

CVS, Walgreens, Rite Aid 같은 드럭스토어에서는 일반 의약품 외에도 실속 있는 가격에 메이크업과 스킨케어 제품을 살 수 있어요. 로레알, 메이블린, 레브론, 커버걸, 엘프 같은 대중 브랜드를 저렴하게 구매할 수 있고, 세일도 자주 하죠.
참고로, 한국은 약국과 일반 상점이 법적으로 구분되어 있어 미국과 같은 드럭스토어는 없어요. 예를 들어, 올리브영은 헬스&뷰티 스토어로 화장품과 건강 보조제는 판매해도 일반 의약품은 취급하지 않죠.

④ **Department Store** 백화점

Macy's, Bloomingdale's, Nordstrom 같은 백화점에서는 고급 브랜드 제품을 만날 수 있어요. 에스티로더, 샤넬, 맥, 디올 같은 브랜드가 입점해 있고, 뷰티 어드바이저의 1:1 상담도 받을 수 있죠. 특별한 날을 위한 선물을 찾을 때 잘 어울리는 곳이에요.

내게 딱 맞는 화장품을 찾아서!
뷰티 매장에서 쓸 만한 영어

 4-07.mp3

해외에서 세포라 같은 뷰티 매장에 들어서면 원하는 제품을 찾고 테스트해 보고 싶을 때가 있죠. 하지만 막상 영어로 표현하는 게 부담스러울 수도 있어요. 여기서는 제품 찾기, 인기 상품 추천, 샘플 요청 등 다양한 상황에서 바로 사용할 수 있는 뷰티 매장 영어 표현들을 준비했어요. 이제 자신 있게 뷰티 쇼핑에 도전해볼 준비, 되셨나요? ☺ ☺

제품 찾기 및 추천

① **Could you help me find ~? ~ 찾는 거 도와주실 수 있나요?**

필요한 제품을 찾고 싶을 때 쓰기 좋은 표현이에요. 간단히 I'm looking for ~ ~을 찾고 있어요라고 해도 돼요. 길을 잃었을 때도 유용한 표현들이죠.

> ☺ **Could you help me find** the right foundation shade?
> ☺ Let me color-match it for you.

> ☺ 제 피부에 맞는 파운데이션 색상 찾는 거 도와주실 수 있나요?
> ☺ 고객님 피부 톤에 맞춰드릴게요.

> 😊 **I'm looking for** a foundation with full coverage.
> 😌 This one gives great coverage and has a natural finish.

😊 커버력이 좋은 파운데이션을 찾고 있어요.
😌 이 제품은 커버력도 좋고 마무리감도 자연스러워요.

② Could you show me where the ~ are?
~이 어디 있는지 알려주시겠어요?

매장에서 제품 위치를 물어볼 때 유용해요. show me 대신 tell me를 써도 됩니다.

> 😊 **Could you show me where the** skincare products **are?**
> 😌 They're on the right side of the store.

😊 스킨케어 제품이 어디 있는지 알려주시겠어요?
😌 매장 오른쪽에 있습니다.

③ What are the best-sellers in this category?
이 카테고리에서 베스트셀러는 뭐예요?

인기 제품을 찾을 때 유용해요. best-sellers는 가장 잘 팔리는 제품을 뜻하죠. What's your most popular ~? 가장 인기 있는 ~은 뭐예요?로 특정 제품을 물어볼 수도 있어요.

😊 **What are the best-sellers in this category?**
😊 This is one of our top-rated products.

😊 이 카테고리에서 베스트셀러 제품이 뭔가요?
😊 이게 저희 매장에서 가장 인기 있는 제품 중 하나예요.

😊 **What's your most popular lipstick?**
😊 This shade is really popular these days.

😊 가장 인기 있는 립스틱은 뭐예요?
😊 요즘 이 색상이 제일 잘 나가요.

④ Do you have any recommendations for ~?
~에 대해 추천해주실 제품이 있나요?

특정 제품이나 기능에 대한 추천을 요청할 때 쓰는 표현이에요. 비슷한 표현으로 Do you have something that's good for ~? ~에 좋은 제품 있나요?도 함께 기억해 두세요.

😊 **Do you have any recommendations for a long-lasting lipstick?**
😊 This one lasts up to 12 hours.

😊 오래 지속되는 립스틱 추천해주실 게 있나요?
😊 이 제품은 최대 12시간 지속돼요.

☺ **Do you have something that's good for** sensitive skin?
☺ Yes, this line is specially formulated for sensitive skin.

☺ 민감성 피부에 좋은 제품이 있나요?
☺ 네, 이 라인은 민감성 피부를 위해 특별히 만들어졌어요.
▶ 잠깐! 피부 타입을 나타내는 dry(건성), oily(지성), sensitive(민감성)라는 표현 기억하시죠?

⑤ Is this product good for ~? 이 제품은 ~에 좋은가요?

지금 보고 있는 제품이 내 피부에 맞는지 확인하고 싶을 때 쓰는 표현이에요. 특정 피부 타입을 겨냥한 제품을 찾고 싶을 땐 Do you have any products specifically for ~?도 쓸 수 있어요.

☺ **Is this product good for** sensitive skin?
☺ This works great for your skin type.

☺ 이 제품은 민감성 피부에 좋은가요?
☺ 이 제품은 고객님의 피부 타입에 정말 잘 맞아요.

☺ **Do you have any products specifically for** oily skin?
☺ Yes, we have a range of products formulated for oily skin.

☺ 지성 피부 전용 제품이 있나요?
☺ 네, 지성 피부용으로 만든 제품들이 다양하게 있어요.

6 Do you have this in a travel/smaller/bigger size?
이 제품의 여행용/더 작은/더 큰 사이즈 있나요?

제품의 다양한 크기나 용량을 찾을 때 사용해요.

> 😊 Do you have this in a travel size?
> 😊 Yes, we have a travel size available right here.

- 😊 이 제품의 여행용 사이즈가 있나요?
- 😊 네, 여기 여행용 사이즈가 있습니다.

7 We just got this in; it's brand new!
이 제품은 방금 들어온 신제품이에요!

매장에서 새로운 제품을 소개할 때 쓰는 표현이에요. brand new는 '완전히 새 것'을 의미하며, 신제품임을 강조할 때 사용하죠.

> 😊 We just got this in; it's brand new!
> 😊 Oh, can I try it?
> 😊 Of course! Let me set it up for you.

- 😊 이 제품은 방금 들어온 신제품이에요!
- 😊 오, 한번 써봐도 될까요?
- 😊 물론이죠! 준비해 드릴게요.

제품 테스트 및 샘플 요청

① Can I test this product? 이 제품을 테스트해볼 수 있을까요?

구매 전에 제품을 직접 사용해보고 싶을 때 쓰는 기본 표현이에요.

> 😊 **Can I test this product** before purchasing?
> 😊 Sure! Let me get that for you.

😊 구매 전에 이 제품을 테스트해 볼 수 있을까요?
😊 네! 바로 준비해 드릴게요.

② Do you have a tester for this? 이거 샘플 있나요?

매장에서 제품의 샘플이 준비되어 있는지 물어볼 때 유용해요. tester는 샘플을 뜻하죠. 비슷한 표현으로 Is there a sample I could try? 한번 써봐도 되는 샘플 있나요?라고 물어볼 수도 있습니다.

> 😊 **Do you have a tester for this** foundation?
> 😊 Yes, we have a tester right here.

😊 이 파운데이션 샘플 있나요?
😊 네, 여기 샘플 있어요.

> 😊 Is there a sample I could try?
> 😃 Yes, we have a sample right here for you to test.

😊 한번 써봐도 되는 샘플이 있나요?
😃 네, 여기 테스트하실 수 있는 샘플이 있습니다.

③ Can I get a sample of this product?
이 제품 샘플 좀 받을 수 있을까요?

구매 전 샘플을 요청할 때 쓰는 표현이에요. 매장에서 직접 사용하거나 집에 가져가고 싶을 때 모두 활용할 수 있답니다. Can I take a sample home? 샘플을 집에 가져가도 될까요? 이라고 물어볼 수도 있어요.

> 😊 Can I get a sample of this product?
> 😃 I'm sorry, we don't have samples for this product right now.

😊 이 제품 샘플 좀 받을 수 있을까요?
😃 죄송하지만, 이 제품은 현재 샘플이 없어요.

제품 비교 및 사용법 문의

① What's the difference between these two products?
이 두 제품의 차이점이 뭔가요?

What's the difference between ~?은 둘 이상의 차이점을 물을 때 유용한 표현이죠.

> 😊 What's the difference between these two products?
>
> 🙂 The first one is more hydrating, while the second one has a matte finish.

😊 이 두 제품의 차이점이 뭔가요?
🙂 첫 번째 제품은 수분감이 더 많고, 두 번째 제품은 마무리감이 매트해요.

② How do I use this product? 이 제품은 어떻게 사용하나요?

제품 사용 방법을 알고 싶을 때 쓰는 표현이에요. How do I use ~?는 사용법을 물어보는 다양한 상황에서 활용 가능하죠.

> 😊 How do I use this product?
>
> 🙂 Apply a small amount after cleansing and toning your face.

😊 이 제품은 어떻게 사용하나요?
🙂 세안하고 토너로 피부를 정돈한 뒤 소량 발라주시면 됩니다.

기타 서비스 및 결제

① Do you offer makeup consultations?
메이크업 상담 서비스가 있나요?

전문가의 조언을 받고 싶을 때 쓰는 표현이에요. consultation은 '상담'을 뜻하며, offer는 특정 서비스나 제품이 있는지 물어볼 때 자주 쓰이죠.

> 😊 Do you offer makeup consultations?
> 😊 Yes, we do! Would you like to book an appointment?
>
> 😊 메이크업 상담 서비스가 있나요?
> 😊 네, 있습니다! 예약하시겠어요?　＊ **book an appointment** 예약시간을 잡다 (**book** 예약하다 | **appointment** '미용실', '병원 진료' 등과 같이 전문가와의 '시간 약속'을 잡을 때 쓰는 표현)

② Would you like to sign up for our rewards program?
저희 리워드 프로그램에 가입하시겠어요?

고객에게 포인트 적립이나 할인 혜택을 제공하는 프로그램에 대해 안내할 때 사용하는 표현입니다. sign up은 '가입하다'는 뜻이에요.

> 😊 Would you like to sign up for our rewards program?
> 😊 Sure, what benefits do I get?
> 😊 You'll earn points on every purchase and receive discounts.
>
> 😊 저희 리워드 프로그램에 가입하시겠어요?
> 😊 네, 어떤 혜택이 있나요?
> 😊 구매하실 때마다 포인트가 적립되고, 할인 혜택도 받으실 수 있어요.

③ **How would you like to pay?** 결제는 어떻게 하시겠어요?

점원이 결제 방식을 물어볼 때 쓰는 표현이에요. 여기에 I'll pay with ~ ~로 결제할게요로 결제수단을 간단히 답할 수 있죠.

> 😊 **How would you like to pay?**
> 😊 I'll pay with my card.
> 😊 Great, please insert your card.

😊 결제는 어떻게 하시겠어요?
😊 카드로 결제할게요.
😊 네, 카드를 넣어주세요.

④ **Can I get a receipt, please?** 영수증 받을 수 있을까요?

요새는 종이 영수증과 전자 영수증 중 선택할 수 있는 경우가 많죠. 환경 보호를 위해 e-receipt가 점점 더 많이 제공되고 있어요.

> 😊 **Can I get a receipt, please?**
> 😊 Sure, would you like it printed or emailed?

😊 영수증 받을 수 있을까요?
😊 네, 출력해드릴까요, 아니면 이메일로 보내드릴까요?

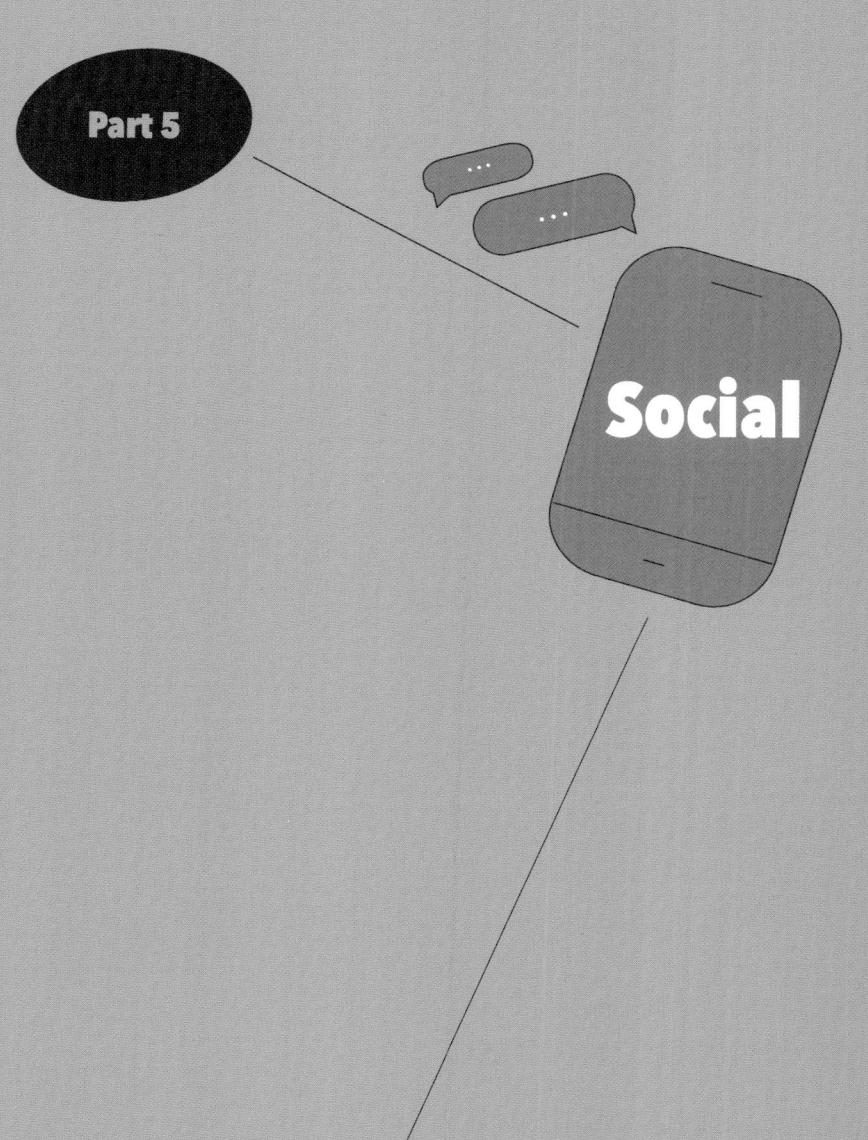

Part 5

Social

**SNS 말투부터 최신 슬랭·이모지까지,
요즘 미국식 소통법**

bussin, cap, dead, periodt…
무슨 말인지 모르겠다면, 지금부터 딱 집중!

최신 슬랭, SNS 줄임말, 이모지 리액션까지—
알아두면 유튜브도, 틱톡도, DM도 다르게 보입니다.
요즘 말투, 여기서 먼저 따라잡아 보세요.

#SNS영어 #틱톡슬랭 #Z세대영어 #이모지표현 #DM회화 #줄임말정리

Gen Z & Gen Alpha
최신 영어슬랭

 5-01.mp3

한국에서는 요즘 젊은 세대를 MZ라고 부르지만, 미국에서는 MZ세대를 하나로 묶지 않고 밀레니얼 세대와 Z세대를 각각 Millennials와 Gen Z로 구분해서 부릅니다. 재미있게도, Gen Z라는 단어가 생긴 지 오래되지 않은 것 같은데 벌써 그 다음 세대를 칭하는 Generation Alpha, 줄여서 Gen A가 등장했어요! 이 알파 세대는 2010년 이후에 태어난 아동부터 10대 초반의 청소년을 일컫는 표현인데요. 지금부터 Gen Z와 Gen A 사이에서 유행하는 신조어들을 좀 들여다볼까요? Let's dive in!

Gen Z 슬랭

① **bussin** 개쩌는, 대박 쩌는

'진짜 대박이다, 완전 끝내준다'는 의미로 쓰는 표현이에요. 주로 음식이 너무 맛있어서 감탄할 때 쓰는데, 상황에 따라 "진짜 최고" 수준의 경험에도 사용돼요.

This pizza is **BUSSIN**.
이 피자 개.쩐다.

▶ 글로 쓸 때는 대문자를 사용해서 강조해 줄 수 있어요!

② **cap** 구라, 거짓말

거짓말이란 뜻인데, 동사로도 쓸 수 있어요. capping 하면 '거짓말하고 있다'는 의미예요. 반대로 거짓말이 아니라 '찐'이거나 진실을 말하고 있을 때, No cap. 구라 아냐. 이라고 말할 수 있죠.

> I'm telling you, no **cap**, that guy's hot!
> 진짜 구라 안 치고, 걔 진짜 매력 있더라!

③ **dead** 웃겨 죽는, 대박인

dead는 직역하면 '죽었다'라는 뜻인데, 너무 웃기거나 충격적인 상황일 때 "완전 웃겨 죽겠어", "대박 충격이야"와 같은 의미로 사용돼요. 특히, 친구들끼리 농담이나 상황이 너무 웃길 때 쓰죠.

> ☺ Did you see the video I sent you?
> ☺ Yeah, I'm **dead**!

☺ 너 내가 보내준 영상 봤냐?
☺ 응, 완전 웃겨 죽겠더라!

④ **game** 스킬, 스타일, 센스

특정 스킬이나 스타일이 뛰어나다고 할 때 Gen Z 사이에서 game이라는 표현이 쓰이는데요. 특히, 패션이나 뷰티 센스에 대해 이야기할 때 makeup game 메이크업 스킬/센스, outfit/fashion game 패션 센스/스타일, hair game

헤어 센스/스타일이 쩐다는 식으로 말하곤 하죠. 연애할 때 분위기를 잘 이끌거나 센스 있게 행동하는 사람을 두고는 dating game이 좋다고도 말하죠.

Her **makeup game** is on point.
그 애 메이크업 센스가 장난 아니야.　＊ **on point** 정말 완벽한, 잘한

His **outfit game** is next level today.
오늘 걔 패션 스타일 완전 끝내줘.　＊ **next level** 차원이 다른, 수준이 높은

His **dating game** is strong.
걘 연애 센스가 진짜 대단해.

⑤ **high-key** 대놓고, 완전

'강조해서'라는 뜻으로, 원래는 음(색)이 높거나 조명이 밝다는 의미지만, Gen Z 사이에서는 무언가를 강하게 주장하거나 자신의 감정이나 생각을 공개적으로 드러낼 때 써요.

I **high-key** love this song!
나 이 노래 대놓고 완전 좋아해!

⑥ **low-key** 은근히, 잔잔하게

high-key의 반대말로 뭔가를 크게 드러내지 않고 조용히 하거나 말하는 거예요. 감정을 살짝 드러내거나 티 안 내고 은근하게 행동할 때 쓰죠.

I think I **low-key** have a crush on her.
나 저 여자애 은근히 좋아하고 있는 거 같은데?

⑦ hit different 느낌이 다르다, 특별하다

직역하면 '다르게 때리다'인데, 특정 상황에서 어떤 경험이나 물건이 이전과는 다른 강렬한 감정을 불러일으킬 때 쓰여요. 특별한 감정이 느껴질 때 주로 사용하죠. 음식, 노래, 분위기 등 다양한 맥락에서 감정적으로 와 닿을 때 자주 써요.

> **Listening to this song at night just hits different.**
> 밤에 이 노래 들으니까 느낌이 확 다르네.

⑧ It's giving ~ ~ 느낌 난다

어떤 분위기나 느낌을 전달할 때 쓰는 표현이에요. 주로 패션이나 분위기를 묘사할 때 사용하죠.

> ☺ Hey, do you like my outfit?
> ☺ Love it! **It's giving** *Clueless* vibes.

☺ 야, 내 옷 어때?
☺ 완전 좋아! 영화 〈클루리스〉 느낌 난다!

▶ Clueless는 90년대 미국 고등학생들의 패션과 라이프 스타일을 보여주는 영화로, 스타일 아이콘으로 유명해요.

⑨ **lit** 개쩌는, 신나는

원래는 '취하다'라는 뜻이지만, 요즘은 파티나 콘서트 등에서 흥미롭고 신나는 상황을 표현할 때 많이 쓰여요!

Last night's party was lit!
어제 파티 개쩔었어!

Taylor Swift's concert was lit!
테일러 스위프트 공연 너무 신났어!

⑩ **periodt** 끝!, 반박 금지

논쟁이나 대화에서 더 할 말이 없다는 것을 강조해 마무리할 때 쓰는 표현이에요. period에 t를 더해 "피이어뤼옡[píːəriədt]"처럼 t 소리로 마무리하며, 대화에 단호하게 마침표를 찍는 느낌을 주죠.

He's the best, periodt.
그는 최고야, 끝!

⑪ **salty** 짜증난, 삔또 상한, 삐진

salty에는 짜다는 뜻도 있지만, Gen Z 사이에선 사소한 일로 짜증이나 화를 낼 때도 쓰여요. 특히 작은 일로 기분이 나빠졌을 때 사용하죠.

She's salty because she didn't get invited to the party.
쟤 파티에 초대 못 받아서 지금 삐졌어.

12   **savage** (말이) 쎈, 팩폭인

매우 직설적이거나 거침없는 사람이나 행동을 묘사하는 표현이에요. 특히 누군가가 아주 솔직하거나 사실을 가감 없이 말해서 상대를 당황하게 할 때, "와, 쎄다!"는 의미로 자주 쓰여요. '팩트 폭격(팩폭)'에 가까운 말이죠.

> 🙂 Did you hear what she said about his haircut?
> 🙂 Yeah, that roast was **savage**!

🙂 걔가 그 남자 머리 스타일에 대해 뭐라고 한 거 들었어?
🙂 응, 완전 살벌하게 놀리던데!   * roast 농담이랍시고 누군가를 '심하게 조롱하거나 비꼬는 말'

13   **simp** 호구, 지나치게 헌신적인 사람

누군가에게 지나치게 헌신적이거나 과하게 잘해주는 사람을 가리킬 때 써요. 주로 특정 이성에게 너무 헌신적인 사람을 말할 때 사용되죠.

He always does whatever she asks—he's such a **simp**.
걘 상대가 원하는 걸 항상 들어줘. 완전 호구야!

14   **slaps** 끝내준다, 매우 훌륭하다

음식이 맛있을 때, 음악이나 예술 작품이 매우 훌륭하고 감동적일 때 쓰는 표현이에요. 특히 노래가 아주 좋을 때 자주 쓰인답니다.

This new album really **slaps**!
이 새 앨범 진짜 끝내줘!

⑮ **sus** 수상한, 미심쩍은

suspicious의 줄임말로, 누군가가 의심스럽거나 믿을 수 없는 행동을 할 때 써요. sus는 게임 Among Us의 플레이어들이 많이 쓰면서 유명해졌죠.

Why is he acting so **sus**?
저 사람 왜 이렇게 수상하게 굴지?

⑯ **tea** 비밀, 썰, 가십거리

원래는 마시는 차를 뜻하지만, Gen Z 사이에서는 소문이나 가십을 의미하는 표현으로도 쓰여요. 누군가의 비밀이나 따끈따끈한 썰을 들을 때 자주 등장하죠. spill the tea.썰 풀다, That's the tea.그게 다야./팩트야., I've got some tea.할 말 있어./폭로할 게 있어.처럼 다양하게 쓰이며, 주로 수다나 가볍고 유쾌한 대화 속에서 자주 사용돼요.

Spill the **tea**, what happened last night at the club?
썰 좀 풀어봐. 어제 클럽에서 무슨 일 있었지?

Gen A 슬랭

요즘 미국에서 핫한 신조어는 Gen A_{알파 세대} 사이에서 많이 등장해요. 이들 표현은 종종 brain rot이라 불릴 만큼 중독성 있고, 당황스러울 만큼 과장된 것도 많죠.

① **aura points** 매력 점수

전반적인 아우라, 존재감, 매력을 평가하는 점수나 척도예요. 성격, 태도, 분위기를 평가할 때 사용하며, 보통 긍정적인 에너지를 가진 사람, 매력적인 사람에게 높은 aura points를 주죠.

> Nah, you just lost **aura points** for saying that.
> 그건 아니지. 너 방금 그 말 때문에 매력 점수 깎임.

② **caught in 4K** 빼박인, 딱 걸린

누군가 명백한 증거로 잡혔을 때 사용하는 표현이에요. 4K 고해상도로 잡혀 발뺌할 수 없다는 의미입니다. 보통 부당하거나 나쁜 행동을 했을 때 쓰죠.

> He was **caught in 4K** cheating on his girlfriend.
> 걔 (여자친구 몰래) 바람피우는 거 빼박으로 걸렸어.
>
> * **cheat on someone** (누구 몰래) 바람피우다

③ **cheugy** 촌스러운, 올드한

최신 유행에서 벗어난 스타일이나 행동을 나타내는 표현으로, Gen A가 보기에 다소 촌스럽거나 구시대적일 때 사용해요.

Chunky sneakers are kinda **cheugy**.
어글리 슈즈 요즘 좀 올드하잖아.

④ **delulu** 비현실적인, 망상에 빠진

delusional의 줄임말로, 비현실적이거나 비논리적인 생각을 하는 사람을 묘사할 때 사용돼요.

She's **delulu** if she thinks she can get into Harvard with those grades.
그 성적으로 하버드 대학에 갈 수 있다고 생각하면 걔 완전 착각이야.

⑤ **Fanum Tax** 한입만 먹다

미국의 유명 스트리머 Fanum이 다른 스트리머의 음식을 빼앗아 먹는 행동에서 유래한 신조어예요. 조금씩 나눠 먹는 게 마치 세금을 징수하는 것과 비슷하여 tax란 단어가 붙었다고 해요.

OMG, how did you get that Dubai chocolate! Let me **Fanum Tax** that!!
대박. 너 두바이 초콜릿 어떻게 구했냐?! 나 한입만 먹자!

6 Gyat 갓댐, 개쩐다

Goddamn의 변형으로 [갸앝]처럼 발음해요. 정말 멋지거나 충격적인 상황에서 감탄사처럼 쓰는 표현이에요. 또는 "Girl, your ass thick!"처럼 엉덩이 등 특정 신체 부위가 강조된 몸매를 보고 반응할 때 쓰이기도 해요. 외모나 몸매에 대한 표현이라, 친한 사이가 아니면 사용에 주의해야 해요.

Gyat, did you see his new car? It's INSANE.
와 개쩐다. 너 쟤 새 차 봤어? 진짜 미쳤다.

7 ick 정떨 포인트, 극혐

ick를 발음하면 우리가 싫을 때 나오는 감탄사 '윽!'과 비슷하게 들리죠? 의미도 비슷해요. ick은 싫어하는 것, 정이 떨어지는 포인트를 뜻하거든요.

> 😊 What's your **ick**?
> 😊 I hate it when people slurp their soup so LOUD.

😊 너의 정떨 포인트는 뭐야?
😊 난 사람들이 수프 시끄럽게 호로록 마실 때 정 떨어져!

(8) **mid** 평타, 평범, 보통

middle_{가운데}의 줄임말로, 평균적이거나 특별하지 않은 상태를 표현하는 슬랭이에요. 주로 뭔가가 기대 이하일 때 쓴답니다.

> 😊 How was the new movie?
> 😊 Eh, it was pretty **mid**.

😊 새로 나온 영화 어땠어?
😊 음. 걍 평타야.

(9) **mogging** 우월감을 뽐내는, 자신감 넘치는, 압도하는

외모나 스타일 등에서 압도적으로 다른 사람보다 뛰어나 보일 때 쓰는 표현이에요. 주로 자신감 넘치는 태도나 행동을 통해 '우월함'을 드러낼 때 많이 쓰죠.

> Your outfit game is totally **mogging** everyone at the party! SLAY~!
>
> 너 오늘 파티에 온 사람 중에서 옷 제일 잘 입었어! 찢었다 진짜!
>
> * **slay** 완전 멋지게 해내다, 압도적으로 잘하다

⑩ only in Ohio 이상하다, 기이하다

'오직 오하이오에서만' 일어나는 특이한 일이라는 인터넷 밈으로, SNS에서 흔히 볼 수 있는 특정 지역 드립처럼 쓰여요.

Snow in May, **only in Ohio**, right?
5월에 눈이 내린다고? 응 역시 오하이오~

⑪ rizz 매력, 카리스마

charisma[kərízmə]의 중간 음절을 줄인 말이에요. 상대방의 호감을 끌어낼 수 있는 매력이나 분위기, 대화 센스를 뜻해요. 이런 매력이 넘치는 사람을 rizzler라고도 해요.

He has more **rizz** than any of the guys I've dated before.
이때까지 만난 남자 중에서 걔가 제일 매력 쩔어.

⑫ touch grass 현실 세계를 살아라, 현생 살아라

직역하면 '잔디를 만져라'인데, 인터넷이나 게임에서 벗어나 현실 세계를 경험하고 현실 감각을 되찾으라는 의미의 표현이에요. 종종 너무 몰입하거나 스트레스를 받을 때 사용해요.

Dude, you need to **touch grass** and take a break from the game.
님, 게임에서 잠깐 눈 좀 떼고 현생 좀 사세요.

⑬ **zesty** 끼 많은, 여성스러운

zesty는 원래 상큼한 향이나 신맛을 뜻하지만 요즘 Gen A(특히 10대 남학생들) 사이에선 끼가 많거나 여성스럽게 보이는 사람을 장난스럽게 놀릴 때 써요. 스타일이 튄다거나 지나치게 꾸몄다는 뉘앙스로 쓰일 수 있고, 상황에 따라 조롱처럼 들릴 수 있으니 주의해야 해요.

Bro is looking a little **zesty** with his hair dyed pink.
너 핑크 머리로 염색하니까 좀 튀네.

SNS에서 자주 쓰는
영어채팅 줄임말

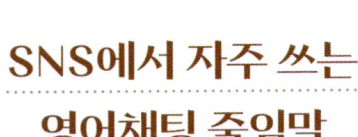 5-02.mp3

요즘 SNS나 메시지에서 LOL, ASAP, BRB 같은 줄임말들이 자주 보이는데, What does that even mean? 이게 도대체 무슨 뜻이야? 싶었던 적 있지 않으셨나요? 이제 이런 표현들은 온라인에서 소통할 때 알아둬야 하는 필수템! 이번에 소개할 줄임말과 약어만 알아둬도 대화 속도 Up! 친근함도 Up! 그럼, 알파벳 순으로 하나씩 배워볼까요?

① **AF** 매우, 겁나

As F*ck의 약자로, '겁나', '엄청', '존나'라는 뜻으로 감정을 강조할 때 쓰는 표현이에요. 뜻을 보면 짐작할 수 있겠지만, 가벼운 상황에서만 쓰고 공식적인 자리에서는 사용을 피해야 해요.

 I'm tired **AF** after working out.
운동하니까 개 피곤해.

② ASAP 최대한 빨리, 가능한 빨리

As Soon As Possible의 줄임말로, 서둘러 달라고 할 때 써요. 알파벳 그대로 [에이에ㅅ에이피-] 또는 [에이쎕], [에쎕]으로도 발음합니다.

Can you send me the report **ASAP**?
보고서 최대한 빨리 보내줄 수 있어?

③ brb 금방/곧 돌아올게

Be Right Back의 줄임말로, 잠깐 자리를 비울 때 주로 채팅에서 써요.

Brb, let me grab dinner real quick.
저녁 얼른 먹고 금방 돌아올게.

④ btw 그건 그렇고, 참고로, 아 맞다

By The Way의 줄임말로, 대화 중에 화제를 바꾸거나 새로운 정보를 덧붙일 때 사용해요.

Btw, what are you doing tomorrow?
아 맞다. 너 내일 뭐해?

⑤ ETA 도착 예상 시간

Estimated Time of Arrival의 약어로, 상대방의 예상 도착 시간을 물어볼 때 자주 쓰이는 표현이에요. 교통이나 약속 상황에서 자주 등장하죠.

> What's your **ETA**? We're about to head out.
> 언제 도착할 것 같아? 우리 곧 출발해!

⑥ FOMO 놓칠까/소외될까 봐 불안한 마음

Fear Of Missing Out의 줄임말로, 나만 좋은 기회를 놓칠까 봐, 남들 다 하는데 나만 끼지 못할까 봐 불안한 심리를 나타내는 표현이에요.

> I have major **FOMO** about missing the party.
> 파티 못 갈까 봐 엄청 걱정돼.

⑦ FYI 참고로

For Your Information의 줄임말로, 상대방에게 정보를 제공할 때 사용해요. 주로 이메일이나 메시지에서 자주 볼 수 있어요.

> **FYI**, the meeting is at 5 PM.
> 참고로, 미팅은 오후 5시예요.

⑧ hmu 연락해

Hit Me Up의 줄임말로, 상대방에게 연락을 달라고 할 때 쓰는 표현이에요. 주로 친구나 지인 사이에서 사용하며, 캐주얼한 상황에 적합합니다.

☺ **Hmu** if you're free this weekend.
이번 주말에 시간 되면 연락줘.

⑨ Idc 상관없어

I Don't Care의 줄임말로, 선택이나 결정에 있어 상대방의 선택에 따를 때 사용해요. 주로 문자나 비공식적인 대화에서 쓰입니다.

😉 **Idc**, you can pick the restaurant.
상관없어. 식당 네가 골라도 돼.

⑩ Idk 몰라

I Don't Know의 줄임말로, 모른다는 뜻을 간단하게 표현할 때 사용해요. 가볍게 의견을 말할 때 적합하죠.

 Idk what to wear tonight.
오늘밤에 뭐 입어야 할지 모르겠어.

⑪ JK 농담이야

Just Kidding의 줄임말로, 농담임을 표시하거나 상대방을 놀린 후 이를 무마할 때 사용해요. 주로 가벼운 대화에 쓰이죠.

You're fired! **JK**, you're doing great.
너 해고야! 농담이야, 잘하고 있어.

⑫ Lmk 알려줘

Let Me Know의 줄임말로, 상대방에게 정보를 알려달라고 할 때 쓰는 표현이에요. 이메일이나 채팅에서도 많이 쓰이죠.

Lmk what you're up to later today.
오늘 이따가 뭐하는지 알려줘.

13 lol ㅋㅋㅋ

Laughing Out Loud의 줄임말로, 웃음을 표현할 때 사용해요. 대화나 채팅에서 유머를 강조할 때 자주 사용하며, lol 뒤에 "l"을 많이 붙일수록 더 웃긴 걸 강조할 수 있죠.

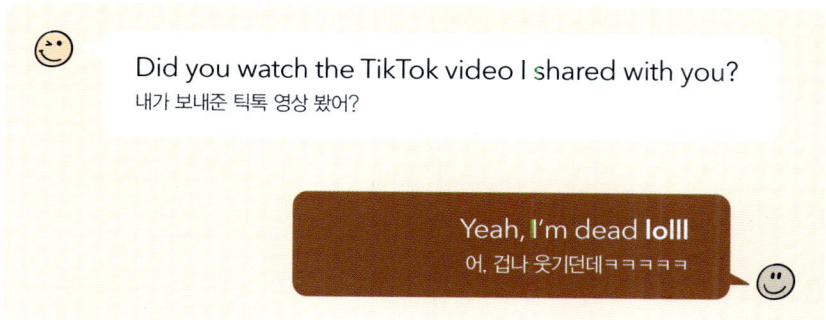

14 Ngl 솔직히 말해서

Not Gonna Lie의 줄임말로, 솔직한 의견을 말할 때 사용하는 표현이에요. 가볍고 친근한 대화에서 자주 쓰입니다.

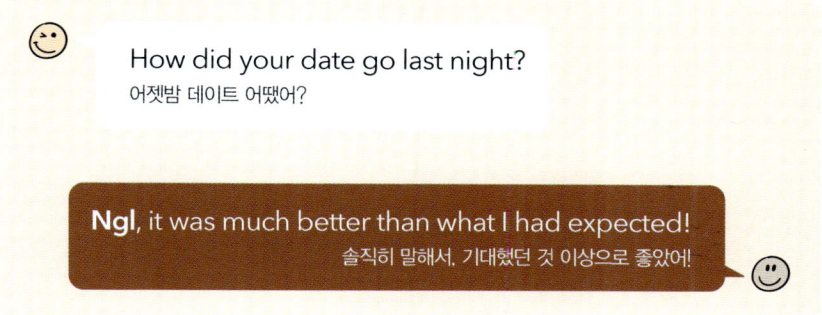

· Part 5. Social ·

⑮ **Nvm** 아냐, 신경 쓰지 마, 괜찮아

Never Mind의 줄임말로, 앞서 한 말을 취소하거나 상대방에게 신경 쓰지 말라고 할 때 사용해요. 상황을 바꾸거나 대화를 정리할 때 편리해요.

Nvm, I figured it out.
아냐 괜찮아, 내가 해결했어.

⑯ **rn** 지금 당장, 바로

Right Now의 줄임말로, 바로 지금이라는 뜻을 표현할 때 사용해요..

I'm busy **rn**, can I call you later?
지금 바쁜데, 나중에 전화해도 돼?

⑰ **smh** 어이없다, 절레절레

Shaking My Head의 줄임말로, 실망하거나 어이없는 상황에서 고개를 저을 때 쓰는 표현이에요. 주로 SNS나 문자에서 볼 수 있어요.

Just found out he forgot our anniversary again... **smh**.
그 사람 또 우리 기념일 잊었더라… 어이없어.

18 **tbh** 솔직히 말해서

To Be Honest의 줄임말로, 솔직한 생각을 표현할 때 쓰여요. 상대방과의 대화에서 본인의 의견을 강조할 때 유용하죠.

> **Tbh**, I'm not a huge fan of this song.
> 솔직히, 난 이 노래 별로야.

19 **TBD** 추후 결정

To Be Determined의 줄임말로, 아직 결정되지 않은, 결정이 필요한 상황을 설명할 때 사용해요. 주로 일정이나 계획이 미정일 때 많이 쓰여요.

> We might go out this weekend, but the plans are still **TBD**.
> 이번 주말에 놀러 갈 거긴 한데, 아직 뭐 할지는 결정 못했어.

⑳ thx / thnx 고마워

Thanks의 줄임말로, 가벼운 감사의 표현으로 많이 쓰여요. 문자나 채팅에서 자주 등장하죠.

Thx for the help today!
오늘 도와줘서 고마워!

㉑ ttyl 나중에 얘기해

Talk To You Later의 줄임말로, 대화를 마무리할 때 사용해요. 가벼운 인사처럼 쓰이며 문자나 채팅에서 자주 사용됩니다.

Gotta run, **ttyl**!
이제 가봐야 해, 나중에 얘기해!

㉒ wyd 뭐 하고 있어?

What You Doing?의 줄임말로, 상대방이 현재 무엇을 하고 있는지 물을 때 사용해요. 채팅이나 문자에서 자주 사용됩니다.

Hey, **wyd** this weekend?
야, 이번 주말에 뭐 해?

채팅에 생동감을!
요즘 즐겨 쓰는 미국 이모지

◀ 5-03.mp3

해외 SNS를 보면 우리가 ^^, >_<, ㅠ_ㅠ 같은 이모티콘으로 감정을 표현하듯, 영어권에서도 다양한 이모지Emoji가 대화를 생동감 있게 만들어줘요. 카카오톡 이모티콘은 이미지 형식이지만, 보통 이모티콘은 문자나 기호로 감정을 표현해요. 반면, 이모지는 전 세계에서 공통적으로 사용되는 표준화된 그림 아이콘이죠. 단순한 표정뿐만 아니라 유머나 특정한 의미도 담고 있어요.

이제 인터넷에서 자주 쓰이는 이모지의 뜻과 쓰임을 소개할게요. 이모지의 세계를 함께 탐험해봐요!

① **skull**

해골 모양의 💀 이모지는 '너무 웃겨 죽겠다'는 의미로, 재미있는 농담이나 우스꽝스러운 상황에 대해 웃기다는 것을 강조하며 쓰는 표현이에요. 우리가 ㅋㅋㅋㅋㅋㅋ를 쓸 때보다 더 웃긴 상황에 써요.

☺ **That joke had me** 💀
    그 농담 진짜 웃겨 죽겠어.

▸ 말로 하면 That joke had me **dead**.

• Part 5. Social •

2 crown

광대 모양의 이모지는 '바보 같음'이나 '트롤짓'을 뜻해요. 바보 같다거나 자신이 어리석은 행동을 했다는 의미로 사용하죠. 주로 자책하거나, 다른 사람의 실수나 엉뚱한 행동을 지적하고 놀릴 때 써요.

> 🙂 Ugh, I wrote the wrong time again in my calendar
> 이런, 나 캘린더에 또 시간 잘못 써놨다. 이런 바보.

▶ 말로 하면 Ugh, I wrote the wrong time again in my calendar. **I'm such a crown.**

3  cap

MZ들 사이에서 cap은 슬랭으로 '거짓말'을 의미해요. 그래서 '구라, 거짓말'이 모자  이모지로 표현된 거죠. 주로 장난스럽게 누군가의 과장된 말이나 허풍을 지적할 때 쓰여요. "No " 하면 '거짓말 아님'이란 뜻이죠.

> 🙂 He said he could eat that whole burger in 5 minutes.
> 걔 5분 만에 그 햄버거 다 먹을 수 있다고 했어. 완전 구라.

▶ 말로 하면 He said he could eat that whole burger in 5 minutes. **That's cap.**

④  peach

복숭아 모양의 이모지는 모양 때문에 엉덩이를 의미하는 장난스러운 표현으로 쓰이기도 해요. 친한 사이에서 유머처럼 쓰이지만, 성적인 뉘앙스로 받아들여질 수 있으니 사용에 주의가 필요해요.

> ☺ Can't lie… this outfit makes my 🍑 look good.
> 거짓말 안 보태고, 이 옷 입으니까 내 🍑 좀 괜찮아 보이는 듯.

▶ 말로 하면 Can't lie… this outfit makes my **booty** look good.

⑤ cold face

이모지 🥶는 '차갑고 무정하다'는 의미로 쓰이거나 신랄한 발언에 대한 반응으로 쓰여요. 우리말의 ㄷㄷ에 해당하는 이모지죠. 힙합 문화에서 '쿨하다, 멋지다'라는 의미로도 사용돼요.

> ☺ That was cold 🥶
> 살벌하네. ㄷㄷ

▶ 말로 할 때는 살벌하게 느낀다는 표정 또는 몸짓으로 That was cold.

6. butterfly

나비 이모지는 '두근거림'이나 '설렘'을 나타내요. 특히 새로운 사랑이나 긴장되고 떨리는 감정을 표현할 때 사용되죠. 이럴 때 흔히 쓰는 영어 표현 I have butterflies in my stomach. 가슴이 두근거려/떨려/긴장돼.을 떠올리면 쉽게 이해가 될 거예요.

> He gives me every time we talk.
> 그와 대화할 때마다 두근거려.

▸ 말로 하면 He gives me **butterflies** every time we talk.

7. cowboy

카우보이 이모지는 겉으로는 웃고 있지만 속으로는 울고 있는 '착잡한' 상황을 나타낼 때 써요. 내가 웃는 게 웃는 게 아닌 그런 상황 말이죠.

> Spilled coffee on my shirt and missed the bus. Great
> 셔츠에 커피 쏟고 버스까지 놓쳤어. 최고다 🤠

▸ 말로 하면 Spilled coffee on my shirt and missed the bus. Great. **Yeehaw.**

⑧  fairy + sparkles

귀여운 요정과 반짝이 이모지의 조합은 칭찬처럼 보이지만, 반어법으로 비꼬는 의미예요. 더 많은 이모티콘을 갖다 붙일수록 더 비꼬는 효과를 줄 수 있답니다.

You tried! 😍👏🧚✨☕ Never do it again!

와 정말 애썼다! 😍👏🧚✨☕ 이제 다신 하지 마!

▸ 말로 하면 You tried! Never do it again — **fairy vibes~**

⑨ 😈 **smiling devil**

이 악마 이모지는 장난스럽거나 음흉한 뉘앙스를 전할 때 사용돼요. 약간의 악의나 장난스러운 제안을 할 때 적합하죠.

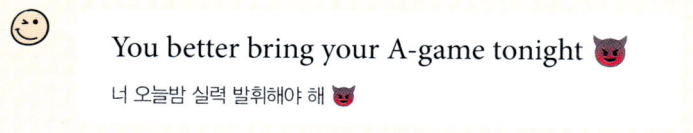

You better bring your A-game tonight 😈

너 오늘밤 실력 발휘해야 해 😈

▸ 이 이모지가 들어간 문장은 능청스럽거나 음흉한 톤으로 말합니다.

* **bring one's A-game** 최고의 모습을 보여주다, 실력 발휘하다

eyes, mouth

충격이나 믿기 어려운 이상한 상황을 나타내는 이모지에요. 놀라서 할말을 잃고 멍해진 표정을 닮았어요.

> **What did I just watch?** 👁👄👁
> 내가 방금 뭘 본 거지? 👁👄👁

▸ 말로 하면 What did I just watch? **I'm speechless.** 또는
  What did I just watch? **I have no words.**

 spider + mouth + spider

〈거미 + 입술 + 거미〉 이모지는 '기이하고 섬뜩한' 느낌이나 '과한 눈화장'을 비꼴 때 쓰는 표현이에요. 마스카라를 떡칠해서 속눈썹이 거미 다리처럼 뭉쳤거나 얼굴에서 속눈썹만 보일 정도로 과하게 긴 상태를 비꼬죠.

> **Tried a new mascara and now it's** 🕷👄🕷
> 새 마스카라 써봤는데 속눈썹이 이 모양 🕷👄🕷

▸ 말로 하면 Tried a new mascara and now **my lashes look like spider legs.** 또는
  Tried a new mascara and now **they're like** + 장난스럽게 이모지 모양 흉내

12. hourglass

모래시계 이모지는 허리와 엉덩이의 라인이 강조된 실루엣을 묘사할 때 쓰여요. 한국에선 '콜라병 몸매'라고 표현하는데, 미국에서는 hourglass figure 모래시계 몸매라고 해요.

> Wow, she's really got that figure!
> 대박. 진짜 콜라병 몸매다!

▶ 말로 하면 Wow, she's really got that **hourglass** figure!

13. spaghetti

면 요리 이모지는 장난스럽게 '누드 사진'을 빗대는 말로 쓰이기도 해요. 영어 단어 noodles가 nudes와 발음이 비슷한 데서 생긴 표현인데, 상대에게 불쾌감을 줄 수 있어 사용에 주의가 필요합니다.

> Don't send me That's not cool.
> 그런 사진 보내지 마. 진짜 아니야.

▶ 말로 하면 Don't send me **spaghetti**. That's not cool.

Part 6

Health

운동, 다이어트, 건강까지—
미국식 자기관리 표현 총정리

헬스장, 필라테스, PT, 식단 관리…
'관리하는 사람'들은 영어로 어떻게 말할까요?

운동 루틴, 식단 조절, 건강 상담까지―
자기관리 일상에 꼭 필요한 실전 표현을 모았습니다.

#운동영어   #다이어트회화   #자기관리표현   #PT영어   #건강상담   #헬스장영어

꼭 알아야 할
미국 헬스장 필수 표현

🔊 6-01.mp3

요즘 건강과 운동에 진심인 사람들, 정말 많아졌죠? 특히 MZ세대는 건강한 몸과 균형 잡힌 라이프 스타일을 위해 다양한 운동 루틴과 다이어트 방법을 서로 공유하면서 열심히 노력하고 있어요. 이번 과에서는 헬스장에서 자주 쓰이는 '유산소 운동', '근력 운동', '몸매 유지' 같은 표현들을 영어로 어떻게 말하는지 알려드릴게요. 거기에 실생활에서 바로 쓸 수 있는 필수 표현과 꿀팁까지 준비했으니 기대하세요!

① **헬스장 gym**

'헬스장'은 보통 gym이라고 해요. 한국에서는 '휘트니스 센터'를 헬스장과 같은 의미로 쓰는데, fitness center는 사실 수영장, 요가 등 다양한 시설이 있는 큰 공간을 의미해요. 일반적인 의미의 헬스장은 gym이죠. gym은 '체육관'이란 뜻도 있으니까 문맥에 맞게 써야 해요.

'헬스장에 가다'는 hit the gym 또는 go to the gym으로 표현할 수 있는데, hit the gym은 좀 더 캐주얼하고 '열심히 운동하러 간다'는 적극적인 느낌을 줍니다. hit the road 여행을 떠나다, hit the ground running 즉시 시작하다과 같이 hit the ~는 '~에 가다', '~을 시작하다'는 의미로도 쓰입니다.

I need to **hit the gym**.
나 헬스장 가야 해.

Let's **hit the gym** after work.
퇴근 후 헬스장 가자.

② 운동하다 exercise vs. work out

exercise와 work out 둘 다 '운동하다'는 뜻이지만, 약간 차이가 있어요. exercise는 건강을 위해 하는 모든 신체 활동을 말해요. 산책, 조깅, 스트레칭 같은 가벼운 활동도 포함되죠.

workout은 '운동 세션'을 뜻하는 명사로, 헬스장에서 하는 유산소나 근력 운동처럼 구체적이고 계획적인 운동을 말해요. '운동하다'라고 할 때는 work out처럼 띄어 써야 해요. 웨이트 트레이닝, 인터벌 트레이닝, 러닝, 크로스핏 같은 고강도 운동이 workout에 해당돼요.

I try to **exercise** every day by going for a walk.
매일 산책하면서 운동하려고 해.

Do you want to **work out** together this evening?
오늘 저녁에 같이 운동할래?

③ 유산소 운동 cardio vs. 근력 운동 weight training

cardio는 심혈관 운동을 뜻하는 cardiovascular의 줄임말로, 심장과 폐를 튼튼하게 하는 '유산소 운동'을 말해요. 무산소 운동은 근력 운동을 가리키며, 영어로는 weight training이라고 합니다. '웨이트 트레이닝'이란 표현은 익숙하시죠?

I need to do some **cardio** to lose weight.
살 빼려면 유산소 운동 좀 해야 해.

Let's add some **weight training** to our routine.
우리 운동 루틴에 근력 운동도 넣자.

④ 몸매를 유지하다 be in shape

in shape은 꾸준한 운동으로 몸이 좋거나 건강한 상태를 유지하는 것을 뜻해요. in good shape 몸이 좋은 상태, in bad shape 건강이 안 좋거나 상태가 나쁜 경우, get back in shape 원래 좋은 몸 상태로 돌아가다 등의 표현도 자주 쓰이죠. 반대로, 운동 부족으로 체력이 떨어지거나 몸 상태가 나빠진 경우에는 out of shape이라고 합니다.

You're already **in good shape**!
너 이미 몸 좋잖아!

After not working out for months, I'm really **in bad shape**.
운동 몇 달 쉬니까 몸 진짜 망가졌어.

I'm trying to **get back in shape**.

나 원래 몸으로 돌아가려고 노력 중이야.

in shape은 몸 건강 외에도 상황이나 사물의 상태를 표현할 때 써요.

The house was **in bad shape**.

집 상태가 엉망이었어.

The car is **in great shape** for its age.

오래된 것 치고는 차 상태가 정말 좋아.

⑤ 건강/체력을 유지하다 stay fit

stay fit도 in shape처럼 좋은 몸 상태를 유지한다는 뜻이에요. 다만 stay fit은 체력과 전반적인 건강 상태 유지에 중점을 두고, in shape은 주로 몸매가 잘 유지된 상태나 체력이 좋은 상태를 나타낼 때 사용됩니다.

I try to **stay fit** by jogging every morning.

매일 아침 조깅을 하며 건강을 유지하려고 해.

Eating a balanced diet is important to **stay fit**.

균형 잡힌 식사를 하는 것이 건강을 유지하는 데 중요해.

⑥ 몸무게가 늘다/빠지다 gain/lose weight

체중의 변화를 나타낼 때 우리는 '몸무게가 늘다'나 '줄다'라고 말해요. 그래서 영어로도 직역해 increase나 decrease를 떠올릴 수 있는데, gain weight 살이 찌다, lose weight 살이 빠지다라고 표현해야 합니다.

> I **gained** a lot of **weight** over the holidays.
> 연휴 동안 살이 많이 쪘어.

> I'm trying to **lose** some **weight** before summer.
> 여름 되기 전에 살 좀 빼려고.

오랜만에 지인을 만날 때 가끔 칭찬의 의미로 "살 빠졌네!"라는 말을 하죠? 미국에서는 이런 말 주의하셔야 합니다! 요즘은 한국도 외모평가 불편해 하는 분들이 점차 늘고 있는데, 미국에서는 특히 body positivity 자기 몸 긍정주의가 널리 퍼져 있어 외모나 체중에 대한 언급은 각별한 주의가 필요합니다. 칭찬이라 해도 상대에게 불편함을 줄 수 있죠.

최근에는 몸의 크기보다 '건강 중심'의 접근을 더 중요하게 여기는 흐름도 주목받고 있어요.
그래서 You look so healthy these days. 요즘 되게 건강해 보여., You look really balanced and strong. 몸 밸런스도 진짜 좋고 탄탄해 보여. 같은 말이 "살 빠졌어"보다 훨씬 자연스럽고 긍정적으로 들릴 수 있습니다.

7 다이어트하다 be on a diet

한국어로는 '다이어트를 한다'고 하지만, 영어에서 diet는 '식단'이나 '식습관'을 뜻해요. 그래서 "I diet."라고 하면 어색하게 들릴 수 있죠. 영어에서는 '특정한 식단을 따르고 있다'는 be on a diet를 사용해요. 다이어트를 시작할 때는 go on a diet로 계획하고 있다는 느낌을 전합니다.

I'm on a diet, so I can't eat cake today.
나 다이어트 중이라 오늘 케이크는 못 먹어.

I need to **go on a diet**.
나 다이어트 해야 돼.

I'm trying to **stay on a diet**.
나 다이어트를 유지하려고 하고 있어.

8 벌크업 하기 bulking

헬스장에서 근육량을 늘리고 체중을 증가시키기 위해 운동과 식단을 병행할 때 '벌크업 한다'고 하는데요. 이 말을 영어로는 bulking이라고 합니다. bulking up 대신 bulking이라고 짧게 말하는 게 일반적이죠. "나 벌크업 중이야."는 I'm bulking.이에요.

I'm **bulking** to gain more muscle mass.

나 근육량을 늘리기 위해 벌크업 중이야.

⑨ 체지방 줄이기 cutting

체지방을 줄이는 것을 영어로는 cutting 이라고 해요. cutting body fat의 간단한 표현이죠. 헬스장에 다니다 보면 Are you cutting or bulking? 체지방 줄이는 중이야, 아니면 근육 키우는 중이야? 이라는 질문을 자주 들을 수 있어요.

I'm **cutting** for my upcoming health check-up.

다가오는 건강검진을 위해 체지방을 줄이는 중이야.

미국 헬스장에서 통하는 슬랭 표현 모음

🔊 6-02.mp3

운동에 진심인 사람들은 그들만의 특별한 언어로 서로의 열정을 공유하곤 하죠. 한국에서도 헬창, 헬린이, 득근, 중량 친다, 오운완 같은 말을 쓰듯 미국 헬스장에도 그들만의 슬랭 표현들이 있는데요. 그들만의 특별한 언어를 알아두면 영어공부에도 도움이 되고 헬스장이나 SNS 공간에서 더 자연스럽고 친근하게 대화할 수 있을 거예요!

1 beast mode 초집중 상태

말 그대로 "야수 모드 온!" 상태, 운동할 때 모든 힘을 다 쏟아붓고, 자신의 한계를 끝까지 밀어붙이는 것을 의미해요. 엄청난 집중력과 강력한 에너지를 발산하는 순간을 표현한 거죠.

He went into **beast mode** and pushed through an intense workout.
그는 한계를 끝까지 밀어붙여 고강도 운동을 해냈어.

② boulders / boulder shoulders 바위 같은 어깨

boulder는 '큰 바위'를 의미하는데, boudlers와 boulder shoulders는 어깨가 바위처럼 커 보일 때 사용하는 슬랭 표현입니다. boulders 바위, shoulders 어깨 발음도 비슷하죠?

Look at the **boulders** on this guy.
이 남자 바위 같은 어깨 좀 봐.

③ bro science 헬스 찌라시

과학적 근거 없이 헬스장 이용자들 사이에서 퍼져 나가는 운동 정보를 뜻해요. 식단과 운동 방법부터 어떤 보충제를 섭취해야 하는지에 이르기까지 다양한 내용을 담고 있어요.

That's just **bro science**, I wouldn't trust it too much.
그거 그냥 헬스 찌라시야. 너무 믿지 마.

④ **cardio bunny** 유산소 러버

직역하면 '유산소 토끼'라는 뜻인데, 헬스장에서 운동 시간 내내 러닝머신 같은 유산소 운동 기구만 사용하는 사람을 말해요. 특히 여성들에게 자주 쓰이는 표현이에요.

She's such a cardio bunny, she was on that treadmill for the whole day!
저 여자 완전 유산소 러버야. 하루 종일 러닝머신만 뛰던데!

⑤ **cheat reps** 편법 운동

운동할 때 폼(form 올바른 자세)을 유지하지 않고, 오로지 목표 횟수를 채우기 위해 자세를 무너뜨려 더 쉽게 운동하는 것을 의미해요.

He finished his set with some cheat reps.
그는 폼을 무너뜨리면서 운동 세트를 마무리했어.

⑥ **gains** 득근

듣기만 해도 심장이 '득근 득근'한 득근은 근육을 얻는 것을 의미해요. 원래 gain은 무언가를 얻는다는 뜻인데, 헬스인들 사이에서 gains는 '근육 증가'를 뜻하죠.

I'm making ALL KINDS OF **GAINS** in the gym today!

오늘 헬스장에서 온갖 득근 하는 중!

⑦ **gym crush** 헬스장 짝사랑

헬스장에서 자주 마주치며 자꾸 힐끗힐끗 눈길이 가는 사람이 있나요? gym crush는 헬스장에서 호감이 가는 짝사랑 대상을 의미해요.

I have a **gym crush** on this guy who always lifts near me.

나 헬스장에서 맨날 내 근처에서 무게 치는 그 남자한테 반했어.

⑧ **gym rat** 헬창, 운동 매니아

gym rat은 직역하면 '헬스장 쥐'인데, 헬스장에 매일같이 출석하며 살다시피 하는 운동에 열심인 사람, 요즘 말로 '헬창'을 뜻하는 말이에요.

He's such a **gym rat**; he's at the gym every morning!

그는 정말 헬창이야. 매일 아침마다 헬스장에 있어!

⑨ **guns** 울퉁불퉁한 이두근과 삼두근

guns라고 하니 갑자기 '총'이 떠오를 수 있지만, 헬스장에서 이 표현은 '이두근'과 '삼두근'이 발달한 강력한 팔을 의미해요. 여기에는 흥미로운 언어적 유래가 있습니다. 영어에서 arms는 '팔'을 뜻하지만, 동시에 '무기armaments'라는 의미도 있어요. 이 이중적 의미에서 착안해 크고 강력한 팔 근육을 '총'에 비유해 guns라고 한 거죠.

Man, check out those guns!
야, 저 사람 이두랑 삼두 좀 봐봐!

⑩ **jacked** 몸이 매우 근육질인

jacked는 근육이 매우 발달한 몸을 표현할 때 쓰는 표현이에요. 주로 남성들이 선호하고 부러워하는, 탄탄하고 강력한 근육질 몸을 뜻하며, 여성들이 선호하는 슬림하고 마른 근육의 몸매와는 차이가 있답니다.

Damn! How do you get so jacked?
대박! 어떻게 하면 그렇게 근육질 몸을 가질 수 있어?

⑪ juice 로이더

juice는 주스를 의미하기도 하지만, 헬스장 은어로는 '스테로이드'를 뜻해요. juiced나 juiced up은 '스테로이드를 사용했다'는 의미로 쓰이죠. 스테로이드를 사용하는 사람인 '로이더'를 steroid user나 juicer라고 불러요.

He's so big, I bet he's juiced.
저 사람 몸 정말 크다. 틀림없이 로이더야.

⑫ natty 내츄럴

natty는 natural의 줄임말로, 스테로이드를 사용하지 않고 운동과 식단 등 자연적으로 몸을 만든 사람을 의미해요. 이는 juice의 반대말로, 스테로이드를 사용하는 사람과 대비됩니다. 해외 유튜브 콘텐츠를 보면 Natty vs. Juice라는 제목으로 내츄럴과 로이더 감별 콘텐츠가 굉장히 많죠.

He's natty and still looks impressive.
내츄럴인데도 몸 진짜 좋아 보인다.

13 noob/newbie 헬린이

newbie는 운동이나 헬스를 막 시작한 초보자, 즉 '헬린이(헬스 + 어린이)'를 말해요. 이 단어는 헬스장에 오래 다닌 사람을 뜻하는 gym rat 헬창의 반대말이죠. newbie는 줄여서 발음이 비슷한 noob라고도 많이 불러요.

I'm a gym **noob**. How do I get started?
나 헬린인데 뭐부터 시작하면 될까?

14 spot 안전을 봐주다

spot은 무거운 리프팅을 할 때 파트너가 안전하게 운동할 수 있도록 옆에서 봐주는 행동을 말해요. spotter는 운동을 봐주는 파트너를 가리키는 표현이죠.

Can you **spot** me on this set?
나 이 세트 하는 동안 좀 봐줄 수 있어?

15 swole 매우 근육질인

swole은 jacked처럼 근육이 크게 발달하고 팽창된 몸을 뜻하는 표현이에요. 운동 후 펌핑된 모습이나 근육질 몸매를 설명할 때 쓸 수 있죠.

You look so **swole** after working out!
운동 끝나니까 근육 펌핑 완전 제대론데!

◆ Body Type Spectrum (다양한 체형) ◆

과체중

overweight 과체중. 살이 붙어 뚱뚱한 체형
Dad bod 아빠 몸매. 적당히 살이 있으면서 근육이 약간 있는 체형
chubby 통통한. 체지방이 적당히 있는 체형

평균

average 평균 체형. 특별히 마르거나 뚱뚱하지 않은 일반적인 체형

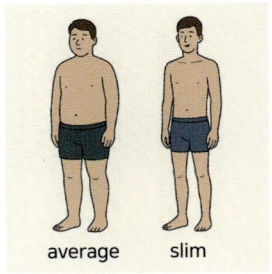

마른

skinny 마른 체형. 체지방이 매우 적고, 뼈가 드러날 정도로 마른 상태
slim 날씬한 체형. 날씬하고 건강한 체형

적당한 근육

lean 마르고 근육이 적당한 체형. 체지방이 적고 근육이 적당히 있는 상태
toned 탄탄한 체형. 근육이 선명하게 드러나고 탄력 있는 몸매
fit 균형 잡힌 체형. 전반적으로 건강하고 체력이 좋은 상태
athletic 운동선수 체형. 근육이 발달하고 체력이 뛰어난 상태

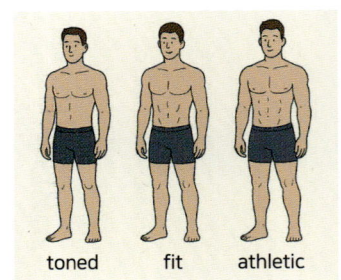

근육질

muscular 근육질 체형. 근육량이 많고 강한 체형
ripped 근육이 선명한 체형. 근육이 뚜렷하게 보이고 체지방이 매우 적은 상태

ripped

큰 근육

shredded 체지방 거의 없는 근육질. 근육이 매우 선명하고 체지방이 거의 없는 상태
buff 매우 큰 근육질 체형. 근육이 크고 강한 체형
jacked 매우 큰 근육질 체형. 근육이 매우 발달한 상태

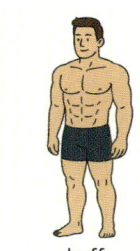
buff

과한 근육

yoked 어깨와 상체 발달 체형. 어깨와 상체가 특히 발달한 상태, 압도적인 근육
swole 팽창된 근육질 체형. 운동 직후의 펌핑된 상태까지 포함한 매우 큰 근육질

yoked swole

미국 헬스장에서 들을 수 있는 대화들

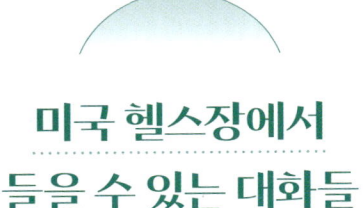

여행 중 현지 호텔의 운동 시설을 이용하는 분도 많죠? 말없이 그냥 운동만 할 수도 있겠지만, 주변 사람들과 대화를 나누며 소통의 즐거움을 느껴보면 어떨까요? 여기에 미국 헬스장에서 나눌 만한 대화를 상황별로 준비했으니 운동할 때 필요한 영어 표현도 놓치지 마세요!

상황 1) 운동기구 사용하려고 기다릴 때

미국 헬스장에서도 인기 있는 운동기구는 경쟁이 치열해요. 다른 사람의 운동 루틴을 방해하지 않도록, 사용 여부나 남은 세트를 예의 있게 묻는 게 일반적이에요. 이런 상황에서 쓸 수 있는 표현을 소개할게요.

😊 Hey, is this machine taken?
🙂 Yeah, I'm actually in the middle of a set.
😊 Oh, I see. How many sets do you have left?
🙂 Just one more to go. You can use it after that.
😊 Great! Thank you.
🙂 Yeah, no problem.

😊 저기, 이 기구 사용 중이세요?
🙂 네, 지금 세트 중이에요.
😊 아, 그렇군요. 몇 세트 남으셨어요?
🙂 한 세트만 더 하면 돼요. 그 다음에 사용하시면 돼요.
😊 좋아요! 감사합니다.
🙂 아, 별말씀을요.

① **Is this machine taken?**

이 기구 사용 중이신가요?

▶ Are you done with this machine?(이 기구 다 쓰셨나요?)이라고 물어볼 수도 있어요.

② **I'm actually in the middle of a set.**

실은 지금 세트 중이에요.

▶ 한창 뭔가를 '하는 중인' 상태를 표현할 때 in the middle of를 사용해요.

③ **How many sets do you have left?**

몇 세트 남으셨어요?

④ **You can use it after that.**

그 다음에 사용하시면 돼요.

▶ Can I jump in between your sets?(세트 사이에 잠깐 사용해도 될까요?)라고 먼저 물어볼 수도 있어요.

상황 2 〉 도움 요청할 때

무거운 중량을 다룰 때는 안전이 중요해요. 미국 헬스장에서는 보통 spotter에게 도움을 요청해 자세나 안전을 봐달라고 합니다. 대화에 나온 표현 말고도 Could you give me a spot? 저 좀 봐주실 수 있나요?, Mind spotting me for this set? 이 세트 봐주실 수 있나요? 등으로 도움을 요청할 수 있어요.

☺ **Can you spot me on this bench press?**
☺ Sure, **how many reps are you doing?**
☺ **I'm aiming for 8 reps.**
☺ Got it, I'm ready.

☺ 벤치프레스할 때 자세 좀 봐주실 수 있나요?
☺ 물론이죠. 몇 번 반복할 건가요?
☺ 8회 정도 할 생각이에요.
☺ 알겠어요. 준비됐습니다.

① Can you spot me on this bench press?

벤치프레스할 때 자세 좀 봐주실 수 있나요?

▸ spot은 '안전을 봐주다'는 뜻으로, 보조나 안전을 위해 도움을 요청할 때 사용합니다. 또, 명사로도 쓰이기 때문에 give me a spot이라고 해도 spot me와 같은 의미이죠.

② How many reps are you doing?

몇 번 반복할 건가요?

▸ reps는 반복 횟수를 의미합니다.

③ I'm aiming for 8 reps.

8회 정도 할 생각이에요.

▸ be aiming for는 '~하는 쪽으로 목표를 잡고 있다'는 뜻입니다.

상황 3) **3대 몇 쳐?**

미국에서도 운동을 좋아하는 사람들 사이에서 서로의 운동 성과를 묻는 일이 흔해요. 하지만 "3대 몇 치냐?"는 질문보다는 What do you ~? 너~ 운동 몇 들어?가 더 일반적입니다. 그리고 미국은 무게 단위를 kg 대신 lbs(pounds 파운드)를 사용해요. 1 kg은 약 2.2 lbs입니다.

😊 **What's your big three 1RM?**
😊 Around 900 pounds in total?
😊 Wow, that's impressive. **What do you squat?**
😊 290 pounds.
😊 Nice, **how much do you deadlift?**
😊 Around 350 pounds.
😊 Okay, and **what's your bench press 1RM?**
😊 260 pounds!

😊 너 3대 몇 쳐?
😊 합치면 한 408kg 정도?
😊 우와, 대단하다. 스쿼트는 몇 쳐?
😊 130kg.
😊 좋은데. 데드리프트는 몇 쳐?
😊 160kg 정도.
😊 그래, 그럼 벤치프레스는 몇 들어?
😊 118kg!

(1) **What's your big three 1RM?**

너 3대 몇 쳐?

▸ big three는 스쿼트(squat), 데드리프트(deadlift), 벤치프레스(bench press)를 뜻하며, 1RM은 one-rep max의 약자로 '한 번에 반복할 수 있는 최대 무게'를 말합니다.

(2) **What do you squat?**

스쿼트는 몇 쳐?

▸ squat은 하체 근력을 기르는 대표적인 웨이트 운동으로 '스쿼트하다'는 동사로도 쓰여요. 이 표현은 무게뿐 아니라 횟수나 세트 수를 물을 때도 써요.

(3) **How much do you deadlift?**

데드리프트는 몇 쳐?

▸ deadlift는 등과 하체 힘을 키우는 운동이에요. 운동 이름 그대로 동사로도 사용해요. 들어 올릴 수 있는 무게를 물을 때 자주 쓰죠.

(4) **What's your bench press 1RM?**

벤치프레스 최대 몇 들어?

▸ bench press는 상체 근력 운동의 대표 주자예요. 몇 kg(또는 파운드)을 드는지 물을 때 쓰며, bench press 역시 '벤치프레스하다'라는 동사로도 자주 써요.

상황 4) 기구 같이 사용할 때

미국에서는 상대방과 기구를 공유하며 효율적으로 운동하는 문화가 자리 잡혀 있어요. 헬스장에서 기구를 함께 사용하고 싶을 때는 대화 속 표현 외에도 Can we share this machine?이 기구 같이 써도 될까요?이나 Mind if I jump in? 잠깐 사용해도 될까요?이라고 물어볼 수 있어요.

> 😊 Hey, **do you mind if I work in with you on this machine?**
>
> 😊 Sure, no problem! **I'm doing three sets, you can go in between mine.**
>
> 😊 Thanks, I appreciate it!
>
> 😊 No worries, **let me know when you're ready.**

😊 저기요, 이 기구 같이 사용해도 될까요?
😊 물론이죠! 저는 3세트 하고 있는데, 제 세트 사이에 사용하시면 돼요.
😊 감사합니다. 정말 고마워요!
😊 괜찮아요, 준비되면 알려주세요.

① **Do you mind if I work in with you (on this machine)?**
(이 기구) 같이 사용해도 될까요?

② **I'm doing three sets, (so) you can go in between mine.**
3세트 하고 있으니 제 세트 사이에 사용하시면 돼요.

③ Let me know when you're ready.

준비되면 알려주세요.

상황 5) **운동 격려할 때**

혼자 운동하는 것도 좋지만, 함께할 때 더 큰 힘이 되기도 하죠. 운동 격려할 때는 친구나 파트너의 기운을 북돋우는 말들을 사용해 보세요. Push through it! 끝까지 밀어붙여!, You've got this! 할 수 있어!

- 😃 Yo, come on! **This is your last set! Give me one more.**
- 😊 Man, this is heavy as hell!
- 😃 **You smash this, and it's a new PR!** Let's go!
- 😊 Alright, let's fucking go!
- 😃 YES! Lock it out! And that's PR, baby!
- 😊 Hell yeah!
- 😃 **Beast mode, all day!**

- 😃 야, 마지막 세트야! 하나만 더.
- 😊 야, 이거 진짜 개무겁다!
- 😃 이거 들면 오늘 PR(개인 기록) 찍는다! 가자!
- 😊 좋아, 가보자!
- 😃 좋아! 끝까지 밀어! PR 찍었다, 친구야!
- 😊 이거지!
- 😃 오늘 완전 각성 모드네!

(1) **This is your last set! Give me one more.**

마지막 세트야! 하나만 더.

(2) **You smash this, and it's a new PR!**

이거 해내면 새로운 개인 기록이야!

▶ PR은 personal record(개인 최고 기록)의 줄임말이죠.

(3) **Beast mode, all day!**

오늘 완전 각성 모드네!

▶ beast mode는 '초집중 상태'를 의미한다고 했던 거, 기억나죠?

요즘 미국에서 유행하는 다이어트

🔊 6-04.mp3

무조건 굶는 다이어트는 이제 No! 요즘은 건강을 챙기면서 맛있게 즐기는 다이어트가 대세랍니다. 미국에서는 어떤 다이어트 방법이 인기일까요? 직접 시도해봐도 좋고, 친구들과 대화할 때 "나도 들어봤어!" 하고 아는 척 하기에도 딱이에요! 그럼 가볍게 시작해 볼까요?

① Oatzempic diet 오트젬픽 다이어트

미국에서 틱톡을 통해 화제가 된 다이어트 트렌드예요. Oatzempic은 귀리oat, 물, 라임즙을 섞은 음료로, 많은 할리우드 셀럽들의 체중 감량에 도움을 준 약 Ozempic 오젬픽에서 이름을 딴 유머러스한 명칭이죠. 이 음료는 섬유질 덕분에 소화를 돕고 포만감을 주지만, 칼로리가 낮아서 식사 대용으로는 적합하지 않아요. 가벼운 음료로는 좋지만, 평소 충분한 영양 섭취 잊지 마세요!

😊 Have you tried the **Oatzempic diet**?

🙂 Yeah, it's all over TikTok! It keeps me full, but I still need real meals.

😊 오트젬픽 다이어트 해봤어?

🙂 응, 틱톡에서 완전 유행하잖아! 포만감은 주는데, 그래도 제대로 된 식사는 필요하더라.

2 DASH diet 대시 다이어트

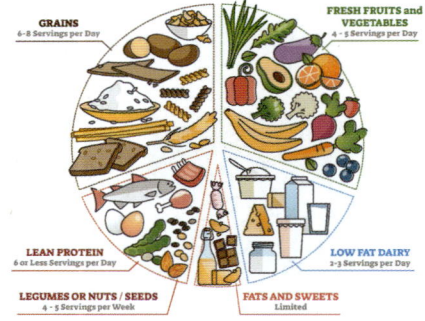

DASH(Dietary Approaches to Stop Hypertension)는 '고혈압 예방 식이요법'을 뜻하는 미국식 다이어트예요. 짜고 기름진 음식은 줄이고, 신선한 음식을 즐기는 게 핵심이죠. 염분 섭취를 줄이고, 과일, 채소, 통곡물, 저지방 유제품을 통해 칼륨, 칼슘, 마그네슘을 충분히 섭취해 혈압을 조절하고 심혈관 건강을 개선하는 효과가 있어요.

😊 Why did you start the **DASH diet**?

🙂 To lower my blood pressure. It's really effective!

😊 왜 대시 다이어트 시작했어?

🙂 혈압 낮추려고. 정말 효과 좋아!

③ **Mediterranean diet** 지중해식 다이어트

지중해 지역 전통 요리에서 영감을 얻은 다이어트예요. 과일, 채소, 통곡물, 콩류, 견과류 같은 가공되지 않은 식품을 많이 먹고, 생선과 가금류(닭, 오리, 칠면조 등)는 적당히, 붉은 고기(쇠고기, 돼지고기, 양고기 등)는 제한적으로 섭취해요. 올리브유 같은 건강한 지방을 쓰는 것도 특징이죠. 이 식단은 심장 건강 개선에 특히 좋다고 알려져 있어요.

> 😀 What's the main benefit of the **Mediterranean diet**?
> 😊 It's great for heart health and overall well-being.

😀 지중해식 다이어트의 주요 이점이 뭐야?
😊 심장 건강과 전반적인 건강에 좋아.

④ **flexitarian diet** 플렉시테리언 다이어트

flexitarian은 flexible 유연한과 vegetarian 채식주의자의 합성어로, 필요에 따라 고기 섭취를 허용하는 유연한 채식 다이어트예요. 과일, 채소, 통곡물, 콩류, 견과류 등 식물성 식품 중

심의 식단이지만, 고기, 생선 같은 동물성 단백질도 적당히 섭취할 수 있어요. 극단적인 채식 대신, 건강을 지키며 지속 가능한 식습관을 지향하는 다이어트예요.

> 😊 Are you a vegetarian?
> 😊 No, I'm currently following a **flexitarian diet**. I'm eating vegetables for now, but I'll have some meat later.

😊 너 채식주의자야?
😊 아니, 지금 플렉시테리언 다이어트 중이야. 지금은 채소만 먹지만, 이따 고기도 먹을 거야.

⑤ MIND diet 마인드 다이어트

여기서 MIND는 '마음'이 아니라 Mediterranean-DASH Intervention for Neurodegenerative Delay 신경퇴행 지연을 위한 지중해식-대시 개입의 약자예요. Mind 다이어트는 지중해식과 DASH 다이어트(고혈압 예방 식이요법)의 장점을 결합해 뇌 건강을 보호하고, 인지력 저하와 치매 위험을 줄이기 위해 만들어졌어요. 녹색 채소, 베리류, 견과류, 통곡물을 주로 먹고, 튀긴 음식과 설탕이 든 음료는 최소화해요.

> 😊 Why did you switch to the **MIND diet**?
> 😊 I want to keep my brain healthy as I age.

😊 왜 마인드 다이어트로 바꿨어?
😊 나이 들어서도 뇌 건강을 유지하고 싶어서.

⑥ Atkins diet 앳킨스 다이어트

1970년대 로버트 앳킨스Robert Atkins 박사가 개발한 저탄수화물 고단백 고지방 다이어트예요. Atkins 다이어트는 4단계로 나뉘는데, 처음에는 탄수화물을 거의 섭취하지 않다가 점차 섭취량을 늘려가는 방식으로 신체가 지방을 에너지원으로 사용하게 유도하죠. 빠른 체중 감량 효과와 일상에서 실천하기 쉬운 식단으로 미국에서 인기가 많아요!

> 😊 How do you manage low-carb meals on the **Atkins diet**?
> 😊 I focus on protein and healthy fats. It really helps with weight loss.

😊 앳킨스 다이어트에서 저탄수화물 식사를 어떻게 관리해?
😊 단백질과 건강한 지방에 집중해. 체중 감량에 진짜 도움이 돼.

* **carb** 탄수화물 (carbohydrate[kɑ̀ːrbouháidreit]의 informal한 표현)

Part 7

Foodie

**음식 취향부터 맛 표현까지,
입맛 돋우는 미국 음식 문화**

여행, 브이로그, SNS에서 빠질 수 없는 테마—음식!
"이거 완전 미쳤다", "너 이거 먹어봤어?" 영어로는?

맛 표현, 인기 메뉴, 먹방 리액션까지—
"맛있다"를 영어로 진짜 맛있게 말해보세요!

#먹방영어 #맛표현 #음식취향 #메뉴영어 #식당회화 #푸드슬랭

꼭 먹어봐야 할
미국 지역별 먹킷 리스트

🔊 7-01.mp3

한국의 각 지역마다 특산물이나 꼭 맛봐야 하는 음식이 있듯, 미국도 주마다 도시마다 지역을 대표하는 특별한 음식들이 있답니다. 이번에는 자칭 타칭 맛잘알 쉐리가 선보이는 미국 미식 여행의 대동맛지도를 펼쳐, 지역별 대표 음식과 추천 맛집을 소개해 드릴게요. 미국 여행 계획이 있다면 참고해 보세요!

1 New York: Pizza

뉴욕 하면 피자죠! 뉴욕 스타일 피자는 얇고 바삭한 도우에 고소한 치즈와 짭짤한 토마토 소스가 환상적인 조화를 이룹니다. 한 조각만으로도 뉴욕의 맛을 제대로 느낄 수 있죠!

추천 맛집은 Joe's Pizza와 Prince Street Pizza입니다. Joe's Pizza는 1975년부터 뉴요커와 관광객들의 사랑을 받아온 전통 피자집이며, 클래식한 맛이 특징이에요. Prince Street Pizza는 매콤한 페퍼로니 스퀘어 피자로 유명한데, 두툼한 도우와 풍부한 토핑이 인상적입니다.

> The perfect slice of **New York pizza** tastes like the city itself.
> 뉴욕 피자의 완벽한 한 조각은 뉴욕 그 자체의 맛이야.

2 Texas: Barbecue

텍사스는 바비큐barbecue로 유명하죠. 훈제된 소고기 브리스킷과 돼지갈비는 입 안에서 살살 녹는 부드러움이 특징이에요. 깊은 훈연향과 육즙으로 텍사스 바비큐의 진수를 맛보고 싶다면, Cooper's Old Time Pit Bar-B-Cue 쿠퍼스 올드 타임 핏 바비큐를 추천해요.

> **Texas barbecue** is all about smoky flavors and soft meat.
> 텍사스 바비큐는 훈연향과 부드러운 고기가 핵심이야.

③ Ohio: Cincinnati Chili

오하이오를 대표하는 음식은 신시내티 칠리 Cincinnati Chili 입니다. 파스타 위에 고기와 향신료로 만든 칠리를 얹어 먹는 요리로, 달콤하면서도 매콤한 맛이 특징이죠. 이 특별한 맛을 경험하고 싶다면 Camp Washington Chili를 추천해요. 신시내티에서 오랫동안 사랑받아온 맛집이랍니다.

Cincinnati chili is a unique mix of sweet and spicy on spaghetti.
신시내티 칠리는 고유의 달콤하면서도 매콤한 맛이 스파게티 위에 어우러져 있어.

④ California: Avocado Toast

캘리포니아의 상징인 아보카도 토스트 avocado toast 는 크리미한 아보카도가 바삭한 토스트 위에 올려져 건강하면서도 맛있는 조합을 자랑하죠. 추천 맛집은 LA에 있는 Sqirl 스퀄 인데, 독창적인 토핑이 더해진 아보카도 토스트로 유명해요. LA Dinette 디넷 에서도 다양한 토핑을 곁들인 토스트를 즐길 수 있어요.

Avocado toast in California is fresh, rich, and healthy.
캘리포니아의 아보카도 토스트는 신선하고 맛이 풍부하고 건강에도 좋아.

⑤ Idaho: Ice Cream Potato

아이스크림 감자ice cream potato라니, 정말 생소하죠? 사실 감자가 아니라 코코넛 파우더를 뿌린 바닐라 아이스크림에 초코 소스를 얹은 디저트예요. 한입 베어 물면 차가운 아이스크림과 달콤한 초콜릿의 환상적인 조화가 펼쳐진다구요! 추천 맛집은 아이다호주 보이시Boise에 위치한 Westside Drive-In입니다.

Ice cream potato is Idaho's unique sweet treat.
아이스크림 감자는 아이다호에서만 맛볼 수 있는 달콤한 즐거움이야.

⑥ Minnesota: Fish Fry

미네소타는 신선한 호수 생선을 바삭하게 튀긴 요리로 유명해요. 미네소타의 생선튀김fish fry은 고소한 튀김옷crust과 담백한 생선살의 조화가 아주 좋답니다! 미니애폴리스Minneapolis에 있는 The Anchor Fish & Chips는 현지인들에게 인기 있는 맛집이죠.

Fried fish in Minnesota has a nutty crust and delicate fish inside.
미네소타의 생선튀김은 튀김옷이 고소하고 안의 생선살은 부드럽고 담백해.

* **nutty** '견과류에서 느껴지는 것 같은 고소한' 맛을 의미

⑦ New Hampshire: Apple Cider Donuts

사과의 상큼함이 느껴지는 애플 사이더 도넛 apple cider donut 은 부드러운 도넛에 사과의 달콤함이 스며들어 있어요. 특히 가을철에 아주 인기가 많죠. 제가 다닌 고등학교가 뉴햄프셔 주에 있었는데, 에임즈베리 Amesbury Cider Hill Farm 사이더 힐 팜에서 먹어본 애플 사이더 도넛 맛을 잊을 수 없어요!

Apple cider donuts are sweet and full of apple flavor.
애플 사이더 도넛은 달콤하고 사과향이 가득해.

⑧ Chicago: Deep Dish Pizza

시카고 딥디쉬 피자 deep dish pizza 는 한국에서도 유명하죠? 도톰한 도우에 치즈와 소스를 듬뿍 담아 치즈의 진한 풍미와 토마토 소스의 깊은 맛을 동시에 즐길 수 있어요. 한 조각만 먹어도 든든한 시카고 피자 대표 맛집은 Lou Malnati's 루 말나티스와 Giordano's 지오다노스예요.

Chicago deep dish pizza is thick, cheesy, and truly filling.
시카고 딥디쉬 피자는 두껍고 치즈가 풍부하며 정말 든든해.

⑨ Connecticut: White Clam Pizza

뉴욕과 시카고 피자는 익숙하지만, 코네티컷의 화이트 클램 피자 white clam pizza는 다소 생소할 수 있어요. 신선한 조개와 치즈가 어우러진 바삭한 피자로 해산물의 짭짤한 맛이 잘 살아 있어요. 코네티컷 주 뉴헤븐 New Haven의 Frank Pepe Pizzeria가 이 피자로 유명해요.

White clam pizza combines fresh clams with a golden crust.
화이트 클램 피자는 신선한 조개와 황금 크러스트가 잘 어우러져 있어.

⑩ Philadelphia: Cheesesteak

필라델피아 치즈 스테이크 cheesesteak는 얇게 썬 소고기와 녹아내리는 치즈가 부드러운 빵에 가득 담긴 요리예요. 한입 베어 물면 고기와 치즈가 살살 녹는데 얼마나 맛있게요? 추천 맛집은 필라델피아 치즈 스테이크의 원조로 알려진 Pat's King of Steaks와 바로 길 건너편에 있는 진하고 풍부한 맛으로 유명한 Geno's Steaks입니다.

A Philly cheesesteak is a classic sandwich with beef and gooey cheese. 필라델피아 치즈 스테이크는 고기와 부드럽게 녹은 치즈로 만든 클래식한 샌드위치야.

* **Philly** Philadelphia의 약칭 | **gooey** (치즈가) 부드럽게 녹아서 쫄깃한

⑪ Maine: Lobster Roll

메인Maine의 랍스터 롤lobster roll은 쫄깃한 랍스터와 부드러운 빵의 완벽한 조화를 자랑합니다. 메인 랍스터는 육즙이 넘치고 통통해, 갑각류를 좋아하지 않는 사람도 맛있다고 할 정도예요. 포틀랜드Portland와 케네벙크Kennebunk에 있는 Eventide Oyster Co.이벤타이드 오이스터 컴퍼니는 싱싱한 랍스터 롤로 유명해요.

Lobster rolls in Maine are the epitome of fresh seafood.
메인의 랍스터 롤은 신선한 해산물을 제대로 느낄 수 있는 대표 음식이야.

* **epitome** 대표적인 예, 본보기, 전형, 정수

⑫ Los Angeles: Mexican Tacos

LA 대표 음식이 멕시칸 타코Mexican tacos라니 좀 의외죠? 실제로 LA에서는 스트리트 타코street tacos가 굉장히 유명해요. 길에서 운전 중에 잠시 차를 세우고 푸드 트럭에서 타코를 사먹는 모습을 많이 볼 수 있는데, 그게 찐 LA 감성의 타코죠! 나중에 LA에 갈 일이 있으면 street tacos에 도전해 보세요. Guerilla Tacos게릴라 타코스는 창의적이고 신선한 타코로 유명한 맛집이에요.

Street tacos in LA are convenient and absolutely delicious.
LA의 스트리트 타코는 먹기 간편하고 너무 맛있어.

13 San Francisco: Sourdough Bread

샌프란시스코의 사워도우 빵sourdough bread은 특유의 새콤한 맛과 부드러운 식감이 특징이에요. '겉바속촉(겉은 바삭하고 속은 촉촉한)'의 대표주자죠. 특히 Boudin Bakery부딘 베이커리는 샌프란시스코의 전통 사워도우 빵을 맛볼 수 있어 추천해요!

Sourdough bread in San Francisco is as iconic as the Golden Gate.
샌프란시스코의 사워도우 빵은 골든 게이트만큼 상징적이야.
＊ **Golden Gate** 샌프란시스코의 상징, 금문교로도 알려진 붉은색 다리

14 Nashville: Hot Chicken

내슈빌의 핫치킨hot chicken도 유명해요. 매콤한 양념이 치킨에 듬뿍 버무려져 한입 먹으면 입안에 매운 맛이 싹 퍼지면서도 치킨의 바삭함을 놓치지 않죠. 강렬한 맛을 좋아하는 분들에게 추천하는 내슈빌 핫치킨은 Prince's Hot Chicken이 유명한 맛집이에요.

Nashville hot chicken brings the heat and keeps the texture.
내슈빌 핫 치킨은 매운 맛과 식감을 동시에 선사해.

15 Boston: Clam Chowder

보스턴 클램 차우더 Clam Chowder는 크리미한 국물과 신선한 조개의 조합이 일품이에요. 따뜻한 한 그릇이 마음까지 푸근하게 해준답니다. Union Oyster House는 보스턴에서 전통 클램 차우더를 맛볼 수 있는 대표적인 장소죠.

Boston clam chowder is full of fresh clams.
보스턴 클램 차우더는 신선한 조개가 듬뿍 들어 있어.

16 Florida: Key Lime Pie

플로리다의 키 라임 파이 key lime pie는 상큼한 라임과 부드러운 크림의 조화가 환상적인 디저트예요. 한입 베어 물면 입안 가득 상큼함이 퍼지죠. 키 웨스트 Key West에 위치한 Kermit's Key West Key Lime Shoppe 커밋 키 웨스트 키 라임 샵이 유명합니다.

Key lime pie in Florida combines tangy lime with smooth cream.
플로리다의 키 라임 파이는 상큼한 라임과 부드러운 크림이 잘 어우러져 있어.

⑰ Kentucky: Fried Chicken

KFC 치킨의 고향 켄터키! 켄터키 프라이드 치킨 fried chicken은 바삭한 튀김옷 속에 촉촉한 닭고기가 숨겨져 있어요. 튀김의 고소함과 닭고기의 육즙이 입 안에 가득 퍼지는 맛을 상상하니 침이 고이네요. Gus's World Famous Fried Chicken 거스 월드 페이머스 프라이드 치킨이 대표 맛집이에요.

Kentucky fried chicken has a crunchy crust and juicy meat.
켄터키 프라이드 치킨은 튀김옷이 바삭하고 고기 육즙이 풍부해.

겉바속촉? 쫀득쫀득?
맛과 식감 영어로 표현하기

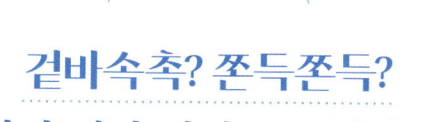 7-02.mp3

맛있는 음식을 먹으면 그 감동을 마구 표현하고 싶지 않나요? (저만 그런 거 아니죠?) 미국 지역별 맛집을 소개하며 맛을 표현하는 문장이 등장했지만, 좀 더 다양한 표현이 궁금하시면 이번 과를 놓치지 마세요. 쓴맛의 커피부터 쫀득쫀득한 모찌, 겉은 바삭 속은 부드러운 치킨까지! 내가 먹은 음식의 맛과 식감, 그리고 감동을 영어로도 마음껏 나타낼 수 있는 영어 표현들을 소개할게요!

① bittersweet 달콤쌉싸름한

bitter는 커피나 다크 초콜릿처럼 씁쓸한 맛을 표현할 때 쓰여요. bittersweet은 이 bitter쓴에 sweet달콤한이 합쳐진 표현으로, '달콤쌉싸름한' 맛이나 '씁쓸하지만 행복한' 감정을 나타낼 때 쓸 수 있어요.

> Dark chocolate has a **bittersweet** flavor that pairs well with coffee.
> 다크 초콜릿은 커피와 잘 어울리는 달콤쌉싸름한 맛이야.

· Part 7. Foodie · 309

② **buttery** 버터 맛이 나는, 부드럽고 기름진

버터처럼 부드럽고 고소하며 기름진 맛과 질감을 나타낼 때 쓰여요. 빵 종류나 버터 향이 강한 팝콘 같은 음식에 잘 어울리죠. 미국에서는 buttery popcorn이 영화 간식의 대표 메뉴예요.

This croissant is **buttery** and melts in your mouth.
이 크루아상은 버터 맛이 나고 입안에서 녹아.

③ **chewy** 쫀득쫀득한

모찌, 카라멜, 껌 등 씹는 식감이 중요한 음식에 쓰여요.

The caramel candy was so **chewy**, it stuck to my teeth.
카라멜 캔디가 너무 쫀득해서 이빨에 들러붙었어.

④ **creamy** 부드럽고 크림 같은

크림처럼 부드럽고 풍부한 질감을 나타내는 단어예요. 까르보나라 소스, 아이스크림, 크림수프 등의 맛을 표현할 때 딱이죠.

The pasta sauce is **creamy** and coats the noodles perfectly.
파스타 소스가 크리미해서 면을 완벽하게 감싸고 돌아.

⑤ crispy on the outside, soft on the inside 겉바속촉

겉은 바삭하고 속은 부드러운 식감을 표현할 때 써요. 치킨, 빵, 프렌치 토스트 등 겉과 속의 식감이 다른 음식에 자주 쓰이죠. 비슷한 표현으로, crunchy exterior with a soft interior(빵이나 튀김류 등 바삭한 겉과 부드러운 속을 말할 때), golden and crispy outside, moist inside(황금빛 바삭한 겉과 촉촉한 속을 설명할 때)가 있어요.

This waffle is **crispy on the outside and soft on the inside.**
이 와플은 겉은 바삭하고 속은 폭신폭신해.

⑥ crunchy 바삭바삭한

바삭한 식감을 가진 음식에 쓰는 표현이에요. 감자칩이나 사과 같이 씹을 때 바삭 소리가 나는 음식과 잘 어울리죠.

Granola is **crunchy** and perfect for a quick snack.
그래놀라는 바삭바삭해서 간편한 간식으로 딱이야.

⑦ fiery 불처럼 매운

단순히 매운 정도를 넘어 입안이 타는듯 강렬한 매운맛에 쓸 수 있어요. 마라탕이나 매운 고추가 든 입안이 얼얼한 음식 말이죠.

The wings were **fiery** but too delicious to stop eating.
윙이 엄청 매웠는데 너무 맛있어서 멈출 수가 없더라.

⑧ flaky 겹겹이 부서지는, 바삭한

크로와상, 파이처럼 겹겹이 쌓인 층이 부서지는 식감을 표현할 수 있어요. 튀김 옷이 얇고 바삭한 음식에도 어울리죠.

> The pastry is so **flaky**, it falls apart with every bite.
> 이 페이스트리는 겹겹이 부서져서 한입 먹을 때마다 사르르 흩어져.

⑨ fluffy 폭신폭신한

마시멜로나 케이크처럼 부드럽고 가벼운 질감인 음식을 설명할 때 쓰는 표현이에요. 미국에서 유명한 마시멜로 스프레드 Marshmallow Fluff도 이 표현에서 유래했답니다! 제가 미국에서 중학교 다닐 때, 학교 카페테리아 구석에 이 제품이 있었는데 얼마나 신나게 먹었는지 기억이 생생하네요!

> The pancakes were **fluffy** and soaked up the syrup perfectly.
> 팬케이크가 폭신폭신해서 시럽을 완벽히 흡수했어.

⑩ gooey 부드럽고 끈적한

브라우니나 피자의 치즈 토핑처럼 속이 부드럽게 녹아 흐르면서도 쫀득하고 끈적한 질감인 음식을 묘사할 때 사용해요. 미국 도미노 피자 중에 Lava Cake 용암 케이크이라는 디저트가 있는데, 부드러운 브라우니 케이크 안에서 초콜릿이 흘러나오거든요. 바로 이 디저트가 gooey의 대표적인 예죠. (미국에서 도미노 피자 주문할 때 이 디저트도 꼭 시키세요, 제~발!)

The chocolate brownie is warm and **gooey** in the center.
초콜릿 브라우니가 따뜻하고 중앙이 끈적끈적해.

⑪ **greasy** 기름진, 느끼한

기름기가 많아서 윤기가 좔좔 흐르는 음식에 쓰이며, 약간 부정적인 뉘앙스를 가질 수 있어요. 뉴욕 스타일 치즈피자나 감자튀김에서 자주 사용됩니다.

The fries were a little too **greasy** for my taste.
감자튀김이 내 입맛엔 조금 기름졌어.

⑫ **juicy** 즙이 많은

육즙이나 과즙이 풍부한 음식을 묘사하는 단어로, 스테이크나 과일에서 자주 쓰여요.

The orange slices were **juicy** and bursting with flavor.
오렌지 조각이 즙이 많고 풍미가 가득했어.

⑬ **pungent** 냄새가 강하고 코를 찌르는

자극적이고 강렬한 냄새를 묘사할 때 쓰여요. 블루 치즈나 마늘처럼 코를 찌르는 강하고 독특한 향을 가진 음식에서 자주 사용된답니다.

The cheese had a **pungent** smell but tasted amazing.
치즈는 냄새가 강했지만 맛은 훌륭했어.

⑭ **rich** 맛이 진하고 풍부한

rich는 부자라는 뜻도 있지만, 깊고 진한 풍미를 가진 음식을 설명할 때도 사용해요. 입안 가득 진하고 풍부한 맛을 느낄 수 있는 초콜릿, 크림수프, 디저트에서 자주 씁니다.

> This chocolate mousse is so **rich**, you only need a small bite.
> 이 초콜릿 무스는 진해서 작게 한입만 먹어도 충분해.

⑮ **savory** 감칠맛 나는, 짭짤한

짠맛과 감칠맛을 동시에 느낄 수 있는 음식을 묘사할 때 사용해요. 수프, 치즈, 파스타 소스 등에 어울리죠.

> The soup is **savory** and perfect for a cold day.
> 수프가 감칠맛 나서 추운 날에 딱이야.

⑯ **soggy** 눅눅한

축축하거나 눅눅해진 음식을 설명할 때 적합한 표현이에요. 오래된 샌드위치나, 우유에 오래 담근 시리얼이 대표적이죠.

> The cereal turned **soggy** after sitting in milk too long.
> 우유에 오래 담가뒀더니 시리얼이 눅눅해졌어.

17 **strong** 강렬한, 맛이 진한

강렬한 맛이나 향을 설명할 때 사용해요. 블랙 커피, 매운 소스, 고추에서 자주 쓰이는 표현입니다.

The espresso was **strong** and gave me an instant energy boost.
에스프레소가 진해서 바로 에너지를 채워줬어.

18 **tender** 부드러운, 잘 씹히는

음식이 부드럽고 쉽게 씹히는 질감을 설명할 때 사용해요. 주로 스테이크처럼 입에서 녹는 듯한 식감에 잘 어울리는 표현이죠.

The lamb chops were **tender** and easy to cut.
양갈비가 부드럽고 잘 잘렸어.

19 **velvety** 매끄럽고 부드러운

벨벳처럼 매끄럽고 부드러운 질감을 가진 음식을 설명할 때 사용해요. 초콜릿 무스나 크림수프 같은 음식에 잘 어울리죠.

The hot chocolate was **velvety** and so comforting.
핫초코가 부드럽고 정말 위로가 됐어.

⑳ zesty 톡 쏘는, 상큼한

톡 쏘는 듯한 상큼한 맛을 설명할 때 사용해요. 주로 레몬 드레싱이나 감귤류 재료가 들어간 음식에 어울리죠. 또한, zesty는 미국 MZ들이 많이 쓰는 슬랭 중 하나인데, 좀 여성스럽거나 끼가 많은 사람을 놀릴 때 사용되기도 해요.

The salad dressing was **zesty** and brought the flavors to life.
샐러드 드레싱이 상큼해서 맛을 돋워줬어.

음식과 관련된 속담/표현들
FOOD IDIOMS

🔊 7-03.mp3

우리말에도 '미운 놈 떡 하나 더 준다', '식은 죽 먹기', '찬밥 신세'처럼 음식과 관련된 재미있는 표현들이 많잖아요? 영어에도 음식 관련 idiom 관용구들이 정말 많답니다. 익숙한 단어로 쉽게 이해할 수 있고, 우리말과 비교하면 더 흥미롭게 배울 수 있는 미국식 표현의 세계로 초대합니다!

① **apple of my eye** (눈에 넣어도 안 아플 만큼) 매우 소중한 존재

직역하면 '내 눈 속의 사과'인데요, 동공 모양이 사과처럼 동그래서인지 옛날 문학작품에서 동공을 apple이라 부르던 표현에서 유래했어요. 누군가가 소중하다면 늘 눈에 담아두고 싶겠죠? 그래서 이 표현은 '매우 소중한 존재'를 뜻해요.

My daughter is the **apple of my eye**.
내 딸은 나한테 정말 소중한 존재야.

② **couch potato** TV만 보는 게으름뱅이

'소파 위의 감자'처럼 소파에 앉아 TV만 보고 거의 움직이지 않는 게으른 사람을 가리킬 때 써요. 주로 감자칩 같은 간식을 먹으며 활동성이 없는 생활 방식을 풍자하는 재미있는 표현이에요.

I turned into a real **couch potato** since making a Netflix account.
넷플릭스에 가입한 이후부터 TV만 보는 찐게으름뱅이가 되어버렸어.

③ **go bananas** 미쳐 날뛰다

'바나나가 되다'라는 직역과 달리, 원숭이가 바나나를 보고 흥분하며 난리를 치는 모습에서 유래한 표현이에요. 주로 흥분하거나 감정적으로 격해진 상태를 표현하는데, 신나서 방방 뛰며 난리 날 때도 쓸 수 있으니 뉘앙스를 잘 살펴주세요.

The kids **went bananas** when they heard we're going to Disneyland!
애들이 디즈니랜드에 간다는 소식을 듣고 신나서 난리가 났어!

④ **have beef** 갈등이 생기다

'소고기를 가지다'라는 뜻이 아니라, 누군가와 갈등이나 불화가 있다는 의미예요. 이 표현은 1800년대 미국에서 beef squabbles로 알려진 가축 도둑질과 관련된 분쟁에서 유래했어요. 당시 고기를 둘러싼 다툼이 폭력적인 충돌로 이어지는 경우가 많았거든요.

They've **had beef** with each other for years.
그들은 오랫동안 사이가 좋지 않았어.

⑤ **have bigger fish to fry** 더 중요한 일이 있다

직역하면 '더 큰 물고기를 튀길 일이 있다'인데, 실제로는 '더 중요한 일이 있다'는 뜻이에요. 작은 문제에 신경 쓸 여유가 없을 때 쓸 수 있어요.

I can't deal with this right now, I **have bigger fish to fry**.
지금 이 문제에 신경 쓸 수 없어, 더 중요한 일이 있거든.

⑥ **hard nut to crack** 만만치 않은 상황/사람

'깨기 어려운 견과류'처럼 해결하기 어려운 문제나 사람을 뜻해요. 까기 힘든 골칫거리나 만만치 않은 상대를 묘사할 때 쓰는 표현이죠.

She's a **hard nut to crack**, very private.
그녀는 정말 알기 어려운 사람이야. 쉽게 마음을 열지 않지.

⑦ **in a nutshell** 간결하게 말하자면

'견과 껍질 안에'라는 뜻인데, 간결하게 요약해서 말할 때 쓰는 표현이에요. 길고 복잡한 이야기를 짧고 명확하게 정리하고 싶을 때 딱이죠.

In a nutshell, this book is about love and friendship.
한 마디로, 이 책은 사랑과 우정에 관한 이야기야.

⑧ **not my cup of tea** 내 취향이 아닌

직역하면 '내 차 한 잔이 아니다'지만, 실제로는 '내 취향이 아니다'라는 뜻이에요. 좋아하지 않거나 관심 없는 것을 표현할 때 쓰죠. 반대로 '내 취향'은 my cup of tea!

Horror movies are **not my cup of tea**.
공포 영화는 진짜 내 취향이 아니야.

⑨ peanut gallery 중요하지 않은 의견

중요한 이야기를 하는데 잡담하고 있는 사람이 있다면 "지방방송 꺼!"라고 하잖아요. 그렇게 '중요하지 않은 의견'을 일컫는 표현이에요. 과거 극장에서 가장 싸고 멀리 떨어진 좌석에 앉아 공연이 마음에 들지 않을 때 땅콩을 던지는 사람들을 peanut gallery라고 했던 데서 유래했죠.

No comments from the **peanut gallery**, please.
쓸데없는 소리는 하지 마.

Be quiet in the **peanut gallery**.
거기 지방방송 꺼.

⑩ a piece of cake 매우 쉬운 일

'케이크 한 조각'처럼 쉽게 할 수 있는 일을 뜻해요. 우리말의 '식은 죽 먹기', '누워서 떡 먹기'와 비슷한 표현이죠.

The exam was **a piece of cake**.
시험 정말 쉬웠어.

11 sell like hot cakes 불티나게 팔리다

'핫케이크처럼 팔리다'는 표현으로, 무언가가 빠르게 많이 팔릴 때 쓰여요. 인기가 많은 제품을 설명할 때 딱이죠.

The viral Dubai chocolate sold like hot cakes.
요즘 입소문 난 두바이 초콜릿이 불티나게 팔렸어.

12 spill the beans/tea 비밀을 폭로하다, 썰 풀다

콩 beans이나 차 tea를 엎지르듯 비밀이나 가십을 드러내는 것을 뜻해요. 둘 다 수다나 가십 대화에서 자주 쓰이지만, spill the tea는 좀 더 유쾌하고 요즘식 표현이에요.

> ☺ OMG, you're not gonna believe what happened last night.
>
> ☺ What? **Spill the tea!**

☺ ㅁㅊ, 어젯밤 무슨 일 있었는지 알아?
☺ 뭔데? 빨리 썰 풀어봐!

13 take with a grain of salt 적당히 걸러 듣다, 곧이곧대로 듣진 않다

'소금 한 알과 함께 받아들이다'라는 말로, 정보를 100% 믿지 않고 약간 의심하면서 받아들인다, 즉 '적당히 걸러 듣다, 곧이곧대로 듣진 않다'는 뜻이에요. 과거에 독이 의심스러울 때 소금을 해독제로 사용한 데서 유래했어요.

You should take his advice with a grain of salt.
그의 조언을 곧이곧대로 듣지 말고 적당히 걸러 들어.

14 like two peas in a pod 쌍둥이 같은, 똑 닮은

'꼬투리 속 두 완두콩'처럼 성격이나 외모가 비슷한 두 사람을 표현할 때 쓰는 말이에요. 늘 붙어다니는 친구나 닮은 사람들을 설명할 때 자주 사용해요.

I thought they were twins; they were literally like two peas in a pod.
나 걔네 쌍둥이인 줄 알았다니까! 정말 똑 닮았어!

15 walk on eggshells
(누군가의 심기를 건드리기 않기 위해) 조심하다, 눈치 보다

'달걀 껍질 위를 걷다'는 뜻으로, 아주 조심스럽게 행동해야 하는 상황에 쓰는 표현이에요. 상대방의 기분을 상하지 않게 하려고 신중하게 말하거나 행동하는 거죠.

I have to **walk on eggshells** around my boss.
내 상사 앞에서는 늘 조심해야 해.

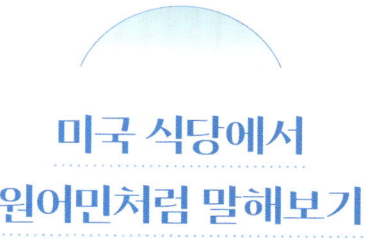

미국 식당에서 원어민처럼 말해보기

🔊 7-04.mp3

해외여행 중 식당에서 음식 주문이 부담스러웠던 적 없으신가요? 예약은 온라인으로 하더라도, 식당에서는 보통 영어로 대화해야 하는데요. 원하는 메뉴를 찾고도 표현이 서툴러 먹고 싶은 음식을 못 먹거나 취향을 반영하지 못했던 경험이 있다면 주목해 주세요! 예약부터 주문, 계산까지 유용한 영어 표현들을 정리했습니다. 여기 있는 표현만 알아도 낯선 식당에서 자신감 있게 주문할 수 있어요!

식당 예약하기

식당 예약을 할 때는 인원수, 날짜와 시간, 이름, 그리고 특별 요청 사항이 있으면 함께 준비하세요. 몇 가지 패턴만 익혀도 영어로 간단히 예약할 수 있습니다. 요즘은 온라인 예약도 많이 하니까 여기 나온 표현을 참고해 보세요.

· Part 7. Foodie · 325

① I'd like to make a reservation for [인원수] at [시간]
~에 …명 예약하고 싶습니다

I'd like to ~ ~하고 싶어요는 정중히 요청할 때 쓰는 패턴으로, 뒤에 make a reservation을 붙여 예약 의사를 표현할 수 있습니다. 몇 명인지는 for 뒤에, 시간 정보는 at 뒤에 말해주세요.

> ☺ Hi, **I'd like to make a reservation for** two **at** 7 PM tomorrow.
> ☺ Sure! May I have your name?

☺ 안녕하세요, 내일 저녁 7시에 2명 예약하고 싶어요.
☺ 네, 성함을 알 수 있을까요?

② Can I make a reservation for [요일] at [시간]?
~에 예약할 수 있을까요?

Can I ~? ~해도 될까요?로 예약 가능 여부를 물어볼 수 있어요. 인원수 정보는 예약 확인 후 물어보는 경우가 많지만, 미리 말하고 싶다면 Can I make a reservation for [인원수] on [요일] at [시간]?으로 말하면 됩니다.

> ☺ **Can I make a reservation for** Friday evening **at** 8 PM**?**
> ☺ Sure! How many people will be dining?

☺ 금요일 저녁 8시에 예약할 수 있을까요?
☺ 네! 몇 분이 식사하시나요?

③ We have a reservation under [이름] / The reservation is under [이름] (이름)으로 예약했습니다

예약 확인을 요청할 때 쓰는 표현이에요. 예약자 이름은 under 뒤에 말하면 됩니다.

> ☺ **We have a reservation under** Sherry.
> ☺ Let me check… Yes, your table is ready.

☺ 쉐리로 예약했습니다.
☺ 확인해 볼게요… 네, 테이블 준비됐습니다.

④ Is it possible to dine in without a reservation? 예약 안 해도 식사 가능할까요?

미리 예약을 못했을 경우에는 이 표현으로 식사가 가능한지 물어볼 수 있어요. dine in은 식당에서 식사한다는 뜻으로, 발음은 [다이닌]처럼 연음됩니다. Do I need a reservation to dine here? 여기서 식사하려면 예약이 필요한가요? 라고 물어볼 수도 있어요.

> ☺ **Is it possible to dine in without a reservation?**
> ☺ Let me check… Yes, but there's a 15-minute wait.

☺ 예약 안 해도 식사 가능할까요?
☺ 확인해 볼게요… 네, 그런데 15분 기다리셔야 합니다.

식당에 들어갈 때

식당에 들어가면 우선 자리가 있는지 물어보세요. 자리를 요청하거나, 대기 시간이 필요하면 얼마나 기다려야 하는지 확인할 수 있죠.

① **Do you have a table for [인원수]? / Is there a table available for [인원수]?** ~명 자리 있나요?

'~명 자리 있나요?'라는 뜻으로, Do you have ~?는 더 직접적이고, Is there ~?는 상황을 조심스럽게 묻는 말투예요. 두 표현 모두 자주 쓰여요.

> ☺ **Do you have a table for** four?
> ☺ Yes, but you may need to wait for 5 minutes.

☺ 4명 자리 있나요?
☺ 네, 그런데 5분 기다리셔야 할 것 같아요.

> ☺ **Is there a table available for** two?
> ☺ Sorry, we're fully booked at the moment.

☺ 2명 자리 있나요?
☺ 죄송하지만 지금은 예약이 꽉 찼습니다.

② Can we have a table by the window, please?
창가 자리로 부탁드릴게요.

창가나 입구 등 특정한 자리를 요청할 때는 Can we have ~?, Could we sit ~? 같은 표현을 사용할 수 있어요. 입구 근처로 요청하고 싶다면 Could we sit near the entrance, please?를 활용하세요.

> 😊 Can we have a table by the window, please?
> 🙂 Of course. Right this way.

😊 창가 자리로 부탁드릴게요.
🙂 물론이죠. 이쪽으로 오세요.

③ What time does the restaurant close?
식당 몇 시까지 영업하나요?

식당의 마감 시간을 물어볼 때는 What time do you close?나 What time does the restaurant close?라고 하면 됩니다. 마지막 주문시간이 궁금하다면 What time is the last order?를 사용할 수 있어요.

> 😊 What time does the restaurant close?
> 🙂 We close at 10 PM.

😊 식당 몇 시까지 영업하나요?
🙂 저희는 밤 10시에 문 닫습니다.

음식을 주문할 때

미국 식당에선 물이 기본으로 제공되지 않는 경우도 있어 음료를 먼저 주문받는 일이 많고, 음식은 메뉴 이름을 직접 말해야 할 때가 많습니다. 이럴 때 유용한 표현을 알아두세요.

① I'll have [음식 이름] ~로 할게요

자주 쓰이는 주문 표현 중 하나로, I'll have 뒤에 메뉴 이름만 붙이세요.

> ☺ **I'll have** the pasta.
> ☺ Excellent choice!

☺ 파스타로 할게요.
☺ 좋은 선택이십니다!

② I'd like to order [음식 이름] ~로 주문할게요

I'd like ~는 좀 더 정중한 표현이죠. 뒤에 to order를 붙이거나 간단히 메뉴 이름만 말해도 됩니다.

> ☺ **I'd like to order** the steak.
> ☺ How would you like it cooked?

☺ 스테이크 주문할게요.
☺ 익힘 정도는 어떻게 하시겠어요?

③ Can I have [음식 이름], please? ~로 주문해도 될까요?

허락을 구하는 느낌을 주지만, 주문할 때 자주 쓰이는 표현이에요. 뒤에 please를 붙이면 더 정중하게 들려요.

> 😊 **Can I have** a Caesar salad**, please?**
> 🙂 Of course. Would you like chicken with that?

　😊　시저 샐러드 주세요.
　🙂　물론이죠. 치킨 추가하시겠어요?

④ What's the best thing on the menu?
제일 인기 있는 메뉴가 뭐예요?

메뉴를 잘 모를 때, 그 식당에서 인기 있는 요리를 추천받는 표현이에요.

> 😊 **What's the best thing on the menu?**
> 🙂 Our grilled salmon is very popular.

　😊　제일 인기 있는 메뉴가 뭐예요?
　🙂　저희 그릴드 연어가 아주 인기 있어요.

5 What do people usually get here? 뭐가 제일 잘 나가요?

다른 손님들이 주로 먹는 메뉴가 궁금할 때 사용할 수 있는 표현이에요.

> 😊 **What do people usually get here?**
> 🙂 Most people go for our house burger.

- 🙂 뭐가 제일 잘 나가요?
- 🙂 대부분 하우스 버거를 드세요.

6 What do you recommend? 추천해주실 메뉴 있나요?

담당 서버에게 직접 추천을 받고 싶을 때 유용한 표현입니다.

> 😊 **What do you recommend?**
> 🙂 I recommend the chicken alfredo pasta.

- 🙂 추천해주실 메뉴 있나요?
- 🙂 치킨 알프레도 파스타를 추천드려요.

【 음식 주문 실전 대화: 착석 직후 】

😃 Good evening!
My name is Sarah, and I'll be your server tonight.
Can I get you started with something to drink?

🙂 Hi, Sarah. Just water, please.

😃 Great! I'll be right back with that.
(after a while) Here's your water.

🙂 안녕하세요!
저는 오늘 저녁 여러분을 도와드릴 서버 새러입니다.
음료부터 시작할까요?

🙂 안녕하세요, 새러. 그냥 물로 주세요.

😃 좋아요! 금방 가져다 드릴게요.
(잠시 후) 여기 물이요.

TIP 물은 기본이 아니에요!

한국과 달리 미국 식당은 테이블에 물이 기본으로 제공되지 않는 경우가 많아요. 서버가 음료를 물어볼 때 물을 요청하지 않으면 따로 제공되지 않을 수 있어요. 물이 필요하다면 Just water, please. 또는 Can I have some water, please?라고 서버에게 요청하세요.

【 음식 주문 실전 대화: 본격 주문 】

😊 Are you ready to order, or do you need a few more minutes?

🙂 I'm ready. I'll have the steak, please.

😊 How would you like your steak cooked?

🙂 Medium rare.

😊 And for your sides?

🙂 Mashed potatoes, please.

😊 Perfect! I'll get that started for you right away.

😊 주문하실 준비되셨나요, 아니면 몇 분 더 필요하세요?
🙂 준비됐어요. 스테이크로 할게요.
😊 스테이크는 어떻게 익혀 드릴까요?
🙂 미디엄 레어로요.
😊 사이드 메뉴는 어떤 걸로 하시겠어요?
🙂 매시드 포테이토로 주세요.
😊 좋습니다! 바로 준비해 드릴게요.

TIP 스테이크 익힘 정도

rare 겉만 익힘 | **medium rare** 속이 약간 덜 익음 | **medium** 적당히 익힘
medium well 거의 다 익힘 | **well done** 완전히 익힘

식사 후 쓸 만한 영어

식사 후 후식, 계산, 포장할 때 쓸 표현도 알려드릴게요.

① Can I get a to-go box, please? 테이크아웃 박스 좀 주시겠어요?

식사를 마친 후 남은 음식을 포장하고 싶을 때 to-go box 포장용 박스를 요청하는 표현이에요. 간단하면서도 자주 사용돼요.

> 🙂 Is there anything else I can get for you?
> 😊 Can I get a to-go box, please?
> 🙂 Of course! I'll bring one right away.

> 🙂 더 필요한 건 없으신가요?
> 😊 테이크아웃 박스 하나 주시겠어요?
> 🙂 물론이죠! 바로 가져다 드릴게요.

② Could I have a box for the leftovers?
남은 음식 담을 박스 좀 주시겠어요?

남은 음식 leftovers을 포장해 달라는 뉘앙스를 강조하고 싶을 때 추천해요.

> 🙂 Could I have a box for the leftovers?
> 😊 Sure! Here you go.

> 🙂 남은 음식을 담을 박스 좀 주시겠어요?
> 😊 네! 여기 있습니다.

③ Could we get the check, please? / Could you bring us the bill, please? 계산서 좀 주시겠어요?

미국 식당에서는 계산서를 직접 요청해야 하는 경우가 많아요. '계산서'는 check과 bill 모두 가능하지만, check이 더 자주 쓰입니다.

> 😊 Could we get the check, please?
> 😊 Absolutely! One moment.

> 😊 계산서 좀 주시겠어요?
> 😊 물론이죠! 잠시만요.

④ Could I see the dessert menu, please? 디저트 메뉴 좀 볼 수 있을까요?

후식을 추가로 주문하고 싶을 때 쓰는 표현이에요. Do you have a dessert menu? 디저트 메뉴 따로 있나요?도 같은 뜻으로 사용 가능합니다.

> 😊 Could I see the dessert menu, please?
> 😊 Sure! Here it is.

> 😊 디저트 메뉴 좀 볼 수 있을까요?
> 😊 네! 여기 있습니다.

⑤ Can I pay with a credit card? 카드로 계산해도 될까요?

I'll pay with my card/cash, please.카드로/현금으로 계산할게요라고 할 수도 있어요. 미국에서는 credit card 신용카드와 debit card 직불카드가 가장 일반적이고, Do you take Apple Pay?애플페이 결제 가능한가요?처럼 모바일 결제 여부를 묻는 경우도 점점 늘고 있어요.

> 😊 Can I pay with a credit card?
> 🙂 Yes, we accept all major cards.

😊 카드로 계산해도 될까요?
🙂 네, 모든 주요 카드 사용 가능합니다.

▸ '신용카드'를 plastic card라고도 하지만, 결제 상황에서는 잘 쓰지 않아요.

⑥ Could we split the bill? / Could we pay separately?
나눠서 결제할 수 있을까요?

여럿이 함께 식사했다면 split the bill계산서를 나누다, pay separately각자 계산하다 같은 표현을 알아두세요. 반반씩 낼 때는 Could we split the bill in half?라고 말할 수 있어요.

> 😊 Could we split the bill?
> 🙂 Of course! How would you like to split it?

😊 계산서를 나눠서 결제할 수 있을까요?
🙂 물론이죠! 어떻게 나누시겠어요?

7 It was fantastic, thank you! 정말 맛있었어요, 감사합니다!

식사 중이나 식사 후, 서버가 음식 맛이 어떤지 물어볼 수 있어요. 긍정적으로 답할 땐 이렇게 말해요.

↳ I love it!   정말 마음에 들어요!

↳ It's really good, thank you!   정말 맛있어요, 감사합니다!

↳ It's delicious, thanks for asking!   정말 맛있어요, 물어봐 주셔서 감사해요!

↳ Everything tastes great so far!   지금까지 다 맛있어요!

☺ How was everything? Did you enjoy your steak?
☺ It was fantastic, thank you!

☺ 다 어떠셨어요? 스테이크는 마음에 드셨나요?
☺ 정말 맛있었어요, 감사합니다!

음식이 기대에 못 미쳤다면 이렇게 솔직하게 의견을 말할 수도 있죠.

↳ It wasn't really to my taste.   제 입맛에는 좀 안 맞았어요.

↳ The dish wasn't what I expected.   음식이 기대했던 맛은 아니었어요.

【 식사 후 실전 대화 】

- 🙂 Here's your check. Will it be all together or separate?
- 🙂 Can we split the bill?
- 🙂 Of course! How would you like to split it?
- 🙂 Just evenly, please.
- 🙂 No problem. I'll be right back with the receipts.

- 🙂 여기 계산서입니다. 같이 계산하시나요, 따로 하시나요?
- 🙂 계산서를 나눠서 결제할 수 있을까요?
- 🙂 물론이죠! 어떻게 나누시겠어요?
- 🙂 그냥 반반으로 나눠주세요.
- 🙂 알겠습니다. 곧 영수증 가져다 드릴게요.

미국 VS 한국
음식 문화 차이

 7-05.mp3

사람 사는 건 다 비슷해 보여도, 문화적인 차이는 분명 있죠. 한국과 미국에서 경험한 음식 문화 차이를 소개해 볼게요.

① 음식에 대한 표현 차이: 시원하다, 느끼하다

한국에서는 뜨거운 국물을 먹고 "시원하다!"라고 하잖아요? 그런데 미국에서는 이 말이 잘 통하지 않아요. 뜨거운 국물 요리가 흔치 않고, 'refreshing'은 주로 차가운 음료나 공기를 묘사할 때 쓰이거든요. 그래서 뜨겁고 개운한 느낌을 말하면 오히려 신기해하더라고요.

【 영어로 "시원하다" 설명해보기 】

It's refreshing for my body and soul!
몸과 마음이 상쾌해지는 느낌이야!

It's like feeling warm and satisfied at the same time.
따뜻하면서도 만족스러운 느낌이야.

It clears your throat and makes your body feel warm and refreshed.
목이 시원하게 풀리고 몸이 따뜻해지면서 개운한 느낌이 들어.

예전에 미국 친구들과 국밥을 먹었는데, 제가 국물을 호 불며 바로 먹자 다들 놀라는 눈치였어요. "시원하다!"는 표현의 뜻을 설명해주자 다들 웃으면서 재미있어 하더라고요.

또 "느끼하다"는 말도 미국엔 없어요. 단순히 기름지다는 걸 넘어, 과하게 기름지고 물려서 거북한 느낌까지 포함되잖아요? 미국에서는 buttery, rich, greasy 같은 단어로 비슷한 맛을 표현하긴 하지만, 대부분 이런 맛에 익숙해서 크게 불편해하지 않아요.

한번은 피자를 먹다가 This is too greasy for me.라고 했더니, 친구가 웃으면서 "그냥 맛있게 먹어!" 하더라고요. 이렇게 표현이 다르더라도, 서로의 감각을 존중하며 이야기 나누는 것도 음식 문화의 재미죠.

【 영어로 "느끼하다" 설명해보기 】

It's not just greasy, but it feels heavy in my stomach.
그냥 기름진 게 아니라, 속이 느끼하게 무거운 느낌이야.

It's like I've had too much rich or oily food.
너무 기름지고 느끼한 음식을 많이 먹은 느낌이야.

② 개인의 취향을 존중하는 다양한 식단

미국은 다양한 사람들이 모인 나라라, 개인의 식단 취향을 존중하는 문화가 발달해 있어요.

Vegan(비건): 동물성 식품을 전혀 먹지 않음
Vegetarian(채식주의자): 채소와 과일을 섭취하고 고기와 생선은 먹지 않지만 유제품 또는 달걀은 먹을 수 있음
Pescatarian(페스카테리언): 채식을 기본으로 하되 생선은 먹음
Gluten-Free(글루텐 프리): 글루텐이 든 밀·보리·호밀을 피하는 식단

미국 레스토랑에서는 이런 다양한 식성을 고려한 옵션을 쉽게 볼 수 있어요. 메뉴판에 "V" 표시나 "Gluten-Free"라고 적힌 항목을 참고하면 되죠. 음식 알러지나 식단 요청사항이 있으면 요청하는 게 자연스럽고요.

【 음식 알러지 및 식단 요청하기 】

I'm allergic to peanuts. Does this dish contain any?
저 땅콩 알레르기가 있어요. 이 요리에 땅콩이 들어가 있나요?

Is this dish vegan-friendly?
이 요리는 비건에게 적합한가요?

Can you tell me if this dish is gluten-free?
이 요리 글루텐 프리인지 알려줄 수 있나요?

예전에 비건인 친구가 한국에 놀러 와서 했던 농담이 떠오르네요. "한국에서 살아남으려면 풀이나 과일만 먹어야 할지도 몰라!" 왜냐하면, 한국 요리는 고기 육수나 멸치 다시가 기본적으로 들어가는 경우가 많아서, 완전 비건 식단을 유지하기가 쉽지 않거든요.

> 😊 There are so many vegan options in America!
> 🙂 Yeah, most places have them. How's it in Korea?
> 😊 Hard. Even veggie dishes use meat broth.

😊 미국은 비건 메뉴가 진짜 많구나!
🙂 그치? 대부분 비건 메뉴가 있어. 한국은 어때?
😊 찾기 힘들지. 채소 요리도 고기 육수를 쓰는 걸.

> 😊 Is it okay to ask about gluten-free options in America?
> 🙂 Of course! Servers expect that here.

😊 미국에선 글루텐 프리 같은 거 물어봐도 돼?
🙂 당연하지! 여기선 서버들이 그런 요청에 익숙해.

③ 식당에서 주문할 때: 테이블 벨, 메뉴판

한국에서는 테이블 벨을 눌러 서버를 바로 부를 수 있죠. '빨리빨리' 문화 덕분인지 음식도 금방 나오고, 주문도 효율적으로 진행돼서 아주 편리해요.

반면, 미국 식당에서는 서버가 올 때까지 기다려야 해요. 테이블마다 담당 서버가 배정되고, 한 명이 여러 테이블을 맡다 보니 음식이 나오는 데 시간이 더 걸리는 편이에요. 음식이 조금 늦더라도 여유를 갖고, 서버를 재촉하지 않는 게 좋아요.

> 😊 In Korea, we press a table bell for servers.
> 🙂 That's so convenient! In America, we just wait.

😊 한국에선 서버 부를 때 테이블 벨 누르면 돼.
🙂 진짜 편리하다! 미국에선 그냥 기다려.

또 하나의 차이는 메뉴판 제공 방식이에요. 한국에서는 테이블당 메뉴판을 하나씩 돌려 보지만, 미국에선 보통 손님마다 따로 줘요.

한국은 반찬을 나눠 먹고 음식을 함께 공유하는 문화가 있지만, 미국은 개인주의 문화가 강해서 음식을 나눠 먹는 일이 드물고, 메뉴도 각자 고르는 게 일반적이에요.

😊 Everyone gets a menu in America. In Korea, we share one.

😊 Interesting! Do you share the food too?

😊 Yeah, sharing's common in Korea.

😊 미국에서는 메뉴판을 각자 하나씩 받네. 한국에선 보통 하나를 같이 보거든.

😊 재밌다! 그럼 음식도 같이 나눠 먹어?

😊 응, 한국에선 같이 나눠 먹는 게 흔해.

④ 계산 방식과 팁 문화

한국에서는 식사 후 카운터에서 계산하지만, 미국에서는 자리에 앉은 채 담당 서버에게 계산서를 요청하고, 자리에서 바로 결제해요. 계산서를 받고 카드나 현금을 놓고 기다리면, 서버가 계산 후 다시 돌아와요.

그리고 한국인에게 가장 낯선 문화 중 하나가 팁 문화예요. 한국에서는 계산만 하면 끝이지만, 미국에서는 팁을 따로 주는 것이 일반적이죠. 어떤 지인은 팁을 깜빡하고 나왔다가, 서버가 식당 밖까지 따라 나왔다는 얘기를 하기도 했어요.

```
          Restaurant Name
    1234 Street, City, State, ZIP
          (123) 456-7890
            **********
===============================
Table: 12
Server: John D.
Date: 11/22/2025
Time: 7:45 PM
===============================
Items Ordered:
Cheeseburger                10.99
Fries                        3.99
Soda                         2.50
-------------------------------
Subtotal                    17.48
Tax (10%)                    1.75
Total                       19.23
-------------------------------
Suggested Tip:
15% = $2.88
18% = $3.46
20% = $3.85

   Thank you for dining with us!
```

팁은 미국에서 매우 중요한 문화예요. 서버에게는 주요 수입원이기 때문에 팁을 주지 않으면 불쾌하게 받아들여질 수 있어요. 보통 서비스에 따라 총액의 15~20% 정도를 주고, 영수증에 팁 금액 예시(15%, 18%, 20%)가 표시된 경우도 많아요.

다만 모든 상황에서 팁을 줘야 하는 건 아니에요. 일부 레스토랑에서는 서비스 요금이 포함돼 있고, 패스트푸드점이나 셀프서비스 식당에서는 팁을 생략해도 무례하지 않아요. 영수증에 "Tip included"나 "Gratuity included"라고 쓰여 있으면 팁을 따로 낼 필요 없어요.

😊 How do you calculate tips?
😊 15–20%. Receipts often show examples.
😊 That helps! In Korea, we don't tip.

😊 팁은 어떻게 계산하는 거야?
😊 15~20% 정도. 영수증에 예시가 써 있을 때가 많아.
😊 그거 도움된다! 한국에선 팁 안 줘.

▶ tip은 명사뿐 아니라 '팁을 주다'는 동사로도 쓰여요.

😊 I forgot to tip once, and the server chased me!
😊 Oh no! Tipping's a big deal in America.

😊 나 한번은 팁 깜빡하고 나왔다가 서버가 날 쫓아왔잖아!
😊 헐! 미국에선 팁이 정말 중요해.

◆ Bonus ◆

Survival

쉐리의 현지 생존 가이드

나랑 잘 맞는 학교 고르는 꿀팁

🔊 8-01.mp3

유학을 결심하면 가장 먼저 고민하는 게 바로 학교 선택이죠. 전공은 뭘로 할지, 내 성적으로 갈 수 있는 학교는 어딘지, 졸업 후 전망은 어떤지… 따져볼 게 정말 많아요.

처음엔 랭킹을 봤지만, 점점 '내가 잘 지낼 수 있을까?'에 더 집중하게 됐어요. '나에게 전략적인 위치는 어딜까?', '어떤 수업 스타일이 잘 맞을까?', '캠퍼스 분위기는 어떨까?' 같은 기준을 스스로 정하면서, 그 기준에 맞춰 학교를 고르는 것을 추천합니다.

학교 고를 때 따져볼 핵심 3가지

1 나에게 맞는 위치인가?
- 학교 근처의 인프라와 지역적 특징은 어떤가?
- 전공 관련 기업이 많고, 인맥을 쌓을 수 있는 환경인가?
- 내가 가고자 하는 분야의 기업이나 인턴십 기회가 많은 지역인가?
- 도심 vs 시골, 나는 어떤 환경에서 공부하고 싶은가?

2 수업 스타일과 교수진은 어떤가?
- 수업은 발표·토론 중심인지, 시험 위주인지
- 교수님의 수업 방식이나 연구 주제가 나와 잘 맞는지
- 학교 유형도 참고해 보세요.
  - Liberal Arts College: 학부 중심, 소규모 수업, 교수와의 긴밀한 관계

- University: 학부·대학원·연구 중심, 규모가 크고 전공·과정이 다양함

3 현실적인 비용은 감당 가능한가?
- 학비뿐 아니라 기숙사비, 보험료, 생활비까지 넉넉히 계산
- 국제학생 대상 장학금 여부도 체크

학교에 직접 물어볼 만한 질문

학교에 대해 어느 정도 조사를 마친 상태라면, 막연한 질문보다는 구체적이고 예리한 질문이 더 효과적이에요.

1 전공 · 수업 관련

What are some unique or specialized majors you offer?
이 학교만의 독특하거나 특화된 전공에는 어떤 것이 있나요?

Which majors are the most competitive to get into?
입학하기 가장 경쟁이 치열한 전공은 무엇인가요?

What's the usual class size for first-year students?
1학년 수업은 보통 몇 명 규모로 운영되나요?

Are most classes big lectures or smaller group discussions?
수업은 대형 강의가 많은가요, 아니면 소그룹 토론식 수업이 많은가요?

Can I take classes outside my major?
전공 외 다른 수업도 수강할 수 있나요?

2 기숙사 · 커뮤니티

Do most students live on campus all four years?
대부분의 학생들이 4년 내내 기숙사에서 지내나요?

What's the campus culture like?
캠퍼스 분위기나 학생 문화는 어떤가요?

3 예산 · 장학금

Do you offer need-based aid to international students?
국제학생에게 가정 형편에 따른 재정 지원 제도가 있나요?

Does your school offer financial aid to international students?
국제학생에게 (장학금 등의) 재정 지원을 제공하나요?

쉐리's 정리 노트

▶ 전공·관심 분야 리스트업

▶ 도시/시골 중 나에게 맞는 환경 선택

▶ 등록금 + 생활비 기준으로 예산선 정하기

▶ 교수진, 수업 구조, 커뮤니티 정보 확인

▶ 궁금한 건 정리해두고, 인터뷰 때 예리한 질문으로 바꿔 직접 물어보기!

인터뷰 & 자기소개서 잘 적는 법

8-02.mp3

유학 준비할 때 빠질 수 없는 게 바로 인터뷰와 자기소개서personal essay죠. 모국어로도 쉽지 않은데 영어로 말하고 써야 하니까요.

저도 처음엔 어디서부터 시작할지 몰랐지만, 결국 중요한 건 '진짜 내 이야기'를 담는 것이었어요. 꼭 대단한 내용을 넣으려 애쓰지 않아도 괜찮아요. 오히려 그 경험이 왜 의미 있었는지, 무엇을 느꼈는지 솔직히 풀어내는 게 훨씬 효과적이에요.

자기소개서 쓸 때 체크 포인트

1 진정성 있는 스토리 중심으로

거창한 사건보다, 일상 속 깨달음이 더 진하게 남아요.

2 경험보다 배움과 성장에 집중하기

무엇을 했느냐보다, 그 경험을 통해 무엇을 배우고 어떻게 달라졌는지를 보여주세요.

예 "봉사활동을 했다" → "책임감을 배우고, 세상을 새롭게 보게 됐다"

3 꼭 처음부터 쓰지 않아도 돼요

인트로가 막히면 본문main body부터 시작하세요. "이 문단에서는 실패를 통해 배운 점을 쓸 예정"처럼 간단한 메모로 구조를 잡고 써내려 가세요.

인터뷰 준비 팁

1 예상 질문에 미리 대비하기

What's something you're really proud of?
가장 자랑스러운 경험은 무엇인가요?

▶ 지원자의 가치관과 성취 기준을 파악하려는 질문

What's one thing not on your application that you want me to know?
지원서에 없지만 꼭 알려주고 싶은 게 있다면요?

▶ 서류에 미처 담지 못한 지원자의 개성과 스토리

What stands out to you about our school compared to others?
다른 학교와 비교해 이 학교가 특별하다고 느낀 점은 무엇인가요?

▶ 학교에 대한 조사와 관심도 평가

Tell us about yourself.
자기소개를 해주세요.

▶ 전공·관심사·성격 중심으로 자기 모습을 소개

Why do you want to study here?
왜 이 학교에서 공부하고 싶나요?

▶ 지원 동기의 진정성과 학교에 대한 이해도 파악

What's a challenge you've faced, and how did you overcome it?
어려움을 겪은 경험과 그것을 어떻게 극복했는지 이야기해 주세요.

▶ 문제 해결력과 성장 과정 확인

2 **인터뷰는 진솔한 대화처럼 접근하기**
- 정답을 말하려 애쓰기보다, 내 이야기를 솔직하게 전하기
- 질문을 끝까지 듣고, 천천히 답하기
- 눈을 맞추며, 말하듯 자연스럽게
- 모르는 질문엔 "That's a good question.", "I haven't thought about it deeply, but..."처럼 부드럽게 시작하기

대학 인터뷰 Dos & Don'ts

✓ Do: 하면 좋은 것들

1 **진짜 나답게, 하지만 준비는 철저히!**

과하게 꾸미기보다 솔직함을 담되, 예상 질문은 미리 연습해 두세요.

2 **학교에 대해 충분히 조사하기**

관심 있는 전공, 교수, 프로그램 등을 구체적으로 언급하면 진정성이 느껴져요.

3 **인터뷰 마지막에 질문하기**

"이 학교에선 어떤 학생이 잘 적응하나요?"처럼 궁금한 걸 직접 물어보세요.

4 **감사 인사 잊지 않기**

"Thank you for your time!"으로 마무리하고, 간단한 감사 메일을 보내는 것도 좋아요.

❌ Don't: 피해야 할 행동들

1 너무 뻔한 대답 피하기

"랭킹이 좋아서요" 대신 "이 분야에서 ○○ 교수님의 수업을 듣고 싶어요" 처럼 구체적으로!

2 과장하거나 거짓말하지 않기

신뢰는 가장 중요한 덕목! 사실 그대로를 진정성 있게 말하세요.

3 너무 캐주얼한 말투는 피하기

"like, umm, you know…" 같은 말버릇은 줄이고 또박또박 이야기하세요.

4 암기한 듯 말하지 않기

외운 답변은 금방 티가 나요. 인터뷰는 시험이 아니라 대화라는 걸 기억하세요.

쉐리's 정리 노트

- ▶ 자기소개서는 본문부터 쓸 수 있도록 간단히 구조 메모
- ▶ "왜 이 경험이 중요했나" 계속 질문하며 정리
- ▶ 인터뷰도 대화하듯 연습
- ▶ 모르는 질문에도 당황하지 않고 부드럽게 넘기기

미국 도착! 초기 준비 & 세팅

🔊 8-03.mp3

유학 초기에는 무엇부터 해야 할지 막막할 수 있어요. 혼자 정착을 준비하는 분들을 위해 실제 유학생들이 자주 찾는 '필수 체크리스트'를 정리해봤어요. 첫 주엔 이 순서대로 준비하면 적응이 훨씬 쉬워져요.

Day 1~2 | 도착하자마자 할 일

1 유심 & 와이파이 세팅

공항에서 유심을 구매하거나 eSIM을 바로 등록하세요.

I'd like to get a SIM card. 유심카드 하나 사고 싶어요.
Do you have any student plans? 학생 요금제 있어요?

2 숙소 주소 확인

미국 주소는 복잡하니 정확히 입력해야 길을 덜 헤매요.

Is this the right address? 주소가 맞나요?
Can you drop me off at 123 Main Street, Apartment 5B?
메인 스트리트 123번지 5B호에 내려주세요.

3 생필품 & 마트 쇼핑

Target, CVS, Walmart 등에서 급한 것부터 사고, 학생 할인 여부도 물어보세요.

Can I pay with a debit card? 직불카드로 결제해도 되나요?

4 집주인·룸메이트와 첫인사

짧게 인사 한마디면 분위기가 달라져요.

I'm just moving in today.
오늘 이사 왔어요.

Let me know if you need anything.
필요한 거 있으면 말해주세요.

5 응급 상황 대비

비상시를 대비해 아래 연락처를 핸드폰과 방에 꼭 저장해 두세요.

- 911(경찰, 소방, 구급 공통)
- 캠퍼스 보안(Campus Police)
- 가까운 병원, 한인 병원, 학교 보건실
- 대사관/영사관

Day 3~5 | 첫 주에 챙길 것들

1 은행 계좌 만들기

여권, I-20, 현지 주소가 필요하며, SSN Social Security Number 없어도 개설 가능한 은행이 많아요.

I'd like to open a student checking account.
학생용 당좌 계좌를 만들고 싶어요.

What documents do I need to open an account?
계좌 개설에 필요한 서류가 뭐예요?

2 교통카드 & 동선 익히기

지역 교통카드를 구매하고, 자주 갈 곳은 구글맵에 저장하세요.

Does this bus go to downtown? 이 버스, 다운타운 가나요?

3 주변 인프라 파악하기

한인 마트, 약국, 응급 시 바로 진료받을 수 있는 병원urgent care, 우체국 등은 미리 위치를 알아두면 좋아요.

Where's the closest pharmacy?
가장 가까운 약국이 어디예요?

Is there a Korean market nearby?
근처에 한인 마트 있나요?

4 건강보험(Health Insurance) 확인

대부분 학교에서 보험 가입이 필수예요. 한국 보험 사용 가능 여부와 보장 범위는 미리 체크하세요.

5 신용카드 & 신용점수 관리

계좌 개설 후 학생용 카드 신청 가능! 매달 전액 상환이 신용점수 관리의 핵심이에요.

쉐리's 정리 노트

- ▶ 첫 주는 완벽보다 '기본 세팅'에 집중하기
- ▶ 유심, 주소, 교통카드 등 이동과 소통에 필요한 것 먼저
- ▶ 룸메이트나 이웃과의 인사는 짧고 밝게!
- ▶ 병원, 약국, 마트 등은 위치부터 빠르게 익히기
- ▶ 비상연락처와 보험 정보는 꼭 미리 준비하기

학교 생활 & 친구 사귀기 꿀팁

🔊 8-04.mp3

수업 첫날, 낯선 강의실에 들어서는 것부터 긴장의 연속이죠. 어디 앉지, 누구에게 말을 걸지, 나만 모르는 정보가 있을까 걱정되기도 하고요. 인사까진 어떻게 했지만, 어색함에 대화를 이어가기 어렵죠.
그런데 시간이 지나 보니, 누구나 먼저 말을 걸어주길 기다리고 있었어요. 완벽한 영어보다, 먼저 말 거는 용기가 더 중요했어요.

학교 첫 주, 이렇게 시작해요

1 강의실 입장 전 체크하기

수업 위치, 시간, 교수 이름을 수시로 확인하세요. 캠퍼스가 넓으면 건물 명이 헷갈릴 수 있어요.

Is this English 101?
여기가 영어 101 강의 맞나요?

2 자리 선택도 전략적으로

앞자리에 앉으면 집중하기 좋고, 교수님과 자연스럽게 눈도 마주칠 수 있어요. 너무 구석은 피하세요.

Is this seat taken?
이 자리 있어요?

I never know where to sit on the first day.
첫날엔 어디 앉아야 할지 늘 고민돼요.

3 수업 자료 & 노트 정리법 익히기

미국 교수님들은 강의계획서 syllabus를 중요하게 여겨요. 과제 마감일은 미리 기록해 두세요.

Where can I find the syllabus?
강의계획서는 어디서 볼 수 있어요?

Do we need to bring the textbook next class?
다음 수업에 교재 필요해요?

첫 만남에서 말 걸기 루틴

1 먼저 웃으며 인사하기

Hi! / Hey, how's it going? / Morning!

2 가볍게 말문 트기

I love your outfit!
옷 너무 예쁘다!

Wanna work on the assignment together?
과제 같이 할래?

I'm new here. Do you mind if I sit next to you?
나 여기 처음 왔는데, 옆에 앉아도 될까?

3 자연스럽게 대화 이어가기

What are you majoring in?	전공이 뭐야?
Where are you from?	어디서 왔어?
How do you like this school so far?	학교 생활 어때?
It's my first week here. How about you?	난 이번 주부터 다니는데, 너는?

친구 사귀는 데 도움됐던 팁

1 날씨 얘기로 가볍게 시작하기

Wow, it's freezing today!   와, 오늘 진짜 춥다!

2 수업 전, 엘리베이터, 점심 줄에서 인사 건네기

Hey, are you in this class too?   야, 너도 이 수업 들어?
Which floor are you heading to?   (엘리베이터) 몇 층 가?

3 음악, 드라마, 음식 등 공통 관심사 먼저 꺼내보기

Have you seen the new season of *Stranger Things*?
'기묘한 이야기' 새 시즌 봤어?

What do you recommend here?
(카페테리아, 식당) 여기 뭐가 맛있어?

4 점심이나 다음 만남 제안하기

Wanna grab lunch together?   같이 점심 먹을래?
Let's hang out again soon!   다음에 또 보자!

쉐리's 정리 노트

▶ 칭찬 + 가벼운 질문 조합이 최고

▶ 인사 타이밍은 수업 전·점심·엘리베이터 등

▶ 실수해도 괜찮다는 마인드가 진짜 중요!

▶ 눈 마주치고 웃으며 "Hi" 한마디 먼저 하기

듣기만 하면 손해! 수업 참여법

🔊 8-05.mp3

제가 다닌 Phillips Exeter Academy와 미네르바 대학은 모두 discussion-based class, 즉 토론식 수업이 기본이었어요. 단순히 듣는 게 아니라, 질문하고 의견을 나누며 수업에 적극적으로 참여해야 했죠. 게다가 참여도가 성적에도 반영되다 보니, 가만히 있을 수가 없었어요.

처음엔 저도 부담스러웠어요. 그런데 다른 학생들 의견도 들으면서 조금씩 말해보다 보니 익숙해졌고, 자신감도 생기더라고요. 무엇보다 수업을 함께 만들어간다는 느낌이 들어서 더 재미있고 몰입도도 높았어요.

수업 참여, 이렇게 했어요.

1 눈 마주치기 + 리액션

말을 하지 않아도, 고개를 끄덕이거나 메모하며 반응하면 수업에 집중하고 있다는 인상을 줄 수 있어요. 이때 선생님뿐 아니라 다른 학생들과도 골고루 아이컨택을 하면, 내 의견이 모두에게 전달된다는 인상도 줄 수 있어 더 효과적이에요.

2 짧은 질문부터, 흐름 잇기부터 시도

처음부터 긴 의견을 말하는 게 부담스럽다면, 이해가 안 되는 부분을 묻거나, 이미 나온 말에 살짝 덧붙이는 표현부터 시도해 보세요.

Could you explain that part again?
그 부분 다시 설명해주실 수 있나요?

So are you saying that...?
그러니까 …라는 말씀이신가요?

I want to build on what [이름] just said.
[이름]이 말한 내용에 좀 더 덧붙이고 싶어요.

I agree with [이름], and I'd also add...
[이름] 의견에 동의하고, 저도 …를 덧붙이고 싶어요

3 '1주 1회 말하기' 목표 세우기

질문이든 의견이든, 일주일에 한 번은 꼭 참여해보기. Can I ask a quick question? 같은 짧은 표현부터 부담없이 시도해 보세요.

4 수업 끝나고 짧게 인사하거나 질문하기

말할 타이밍을 놓쳤더라도, 끝나고 한마디로 충분해요.

Thanks, I really enjoyed today's class!
감사합니다, 오늘 수업 정말 즐거웠어요!

Thanks for the lecture!
좋은 강의 감사합니다!

유용한 추가 표현들

I'm not sure if I understood it correctly, but...
제가 제대로 이해했는지 모르겠지만…

▶ 조심스럽게 질문을 시작할 때

Can I ask a quick question about what you just said?
방금 말씀하신 내용에 대해 짧게 질문해도 될까요?

Can you explain a little more about that part?
그 부분을 조금 더 자세히 설명해주실 수 있나요?

One thing I noticed was...
제가 느낀 점 하나는요…

That reminded me of something I read/saw recently.
최근에 읽은/본 게 생각났어요.

That's a really good point—I hadn't thought about it that way.
정말 좋은 지적이에요. 그런 식으로는 생각 못 해봤어요.

쉐리's 정리 노트

- ▸ 짧은 질문부터 부담없이 시작해보기
- ▸ 리액션과 아이컨택으로 몰입도와 소통 의지 보여주기
- ▸ 대화 흐름을 끊지 않고 자연스럽게 참여하기
- ▸ 의견을 말할 땐 수업자료나 근거를 함께 제시해 설득력 높이기
- ▸ 내 말만 하기보다, 경청하며 균형 있게 소통하기
  (토론 수업에선 경청도 참여만큼 중요!)

과제와 협업, 이렇게 버텼어요

8-06.mp3

유학생활에서 과제와 협업은 일상이었어요. 중고등학교 땐 영어로 에세이 쓰기가 어려웠고, 미네르바 대학에서는 온라인 팀 과제를 하며 소통 방식에도 적응해야 했죠.

특히 미네르바는 모든 수업이 온라인으로 진행돼서, 과제 제출부터 피드백, 팀 협업까지 전부 디지털로 진행됐어요. 그래서 저는 최대한 일찍 시작하고, 모르면 바로 물어보는 습관을 들였어요.

과제할 때 도움이 됐던 습관

1 나에게 맞는 과제 공략법 찾기

매일 조금씩 하는 게 이상적이지만, 현실적으로는 어렵죠. 저처럼 몰아서 집중하는 게 더 잘 맞는 사람도 있고요. 중요한 건 나에게 맞는 방식 찾기! 단, 마감일은 꼭 체크해 두세요.

2 모르는 표현은 유추 + 검색까지

문맥으로 의미를 짐작한 뒤, 반드시 검색해서 정확히 확인하는 습관을 들였어요.

3 에세이는 구조 먼저!

서론부터 쓰려 하면 막막해요. 저는 본론에서 하고 싶은 말부터 정리하고 서론과 결론을 나중에 붙였는데, 글 흐름이 더 자연스럽고 완성도도 높아졌어요.

4 잘 쓴 샘플 참고하기

학교 자료실이나 온라인 포럼에서 에세이 예시를 찾아보는 게 좋아요. 흐름이나 표현을 참고하는 데 도움이 되죠.

과제 관련 유용한 표현

1 교수님이나 라이팅 센터에 물어볼 때

I'm still working on my draft. Can I get your thoughts on this part?
아직 초안 작성 중인데, 이 부분에 대해 의견 좀 들어볼 수 있을까요?

I'm having trouble structuring my essay.
에세이 구조 잡는 게 좀 어려워요.

How long should the essay be?
에세이 분량은 얼마나 되나요?

Can I use outside sources or is it better to focus on the readings?
외부 자료를 써도 되나요, 아니면 교재 중심으로 쓰는 게 좋을까요?

▶ 교수님마다 다를 수 있으니 꼭 확인!

2 학생끼리 피드백 주고받을 때 (Peer Review)

Is the thesis clear and easy to find?
글의 논지가 분명히 드러나?

What's the main argument or point of this essay?
이 글의 핵심 주장이나 요점이 뭐야?

Are transitions between paragraphs smooth?
문단 사이 흐름이 자연스러워?

Are there any sentences that sound confusing or awkward?
어색하거나 헷갈리는 문장이 있어?

Is anything underdeveloped or needing more detail?
덜 설명된 부분이나 더 구체화가 필요한 내용이 있어?

Is the writing clear and easy to follow?
글이 전반적으로 이해하기 쉬워?

팀 프로젝트 팁 (온·오프라인 공통)

1 역할 분담은 최대한 일찍! (리더, 조사, 발표 등)

2 그룹 채팅방에서 일정 공유 + 수시 업데이트

3 Google Drive 등 실시간 협업 툴 적극 활용

4 의견 충돌 시는 부드럽게 조율하기

Let's take a step back and look at the bigger picture.
잠깐 물러나서 전체적인 흐름을 다시 보자.

5 발표 전엔 짧게라도 꼭 리허설!

6 일정 미리 공유하고 시간 약속 꼭 지키기

팀원과 일정이 잘 안 맞을 땐 계속 조율하기보다 명확한 대안을 제시하세요.

I can take this one, and maybe you could lead the next part?
이 부분은 내가 맡을게. 다음 부분 부탁해도 될까?

팀플 소통에 유용한 표현들

Would you like to take the lead on this part?
이 부분 네가 맡아서 (주도)해볼래?

I think we have slightly different ideas. Let's try to find common ground.
우리 생각이 조금 다른 거 같은데, 접점을 찾아보자.

I'll put together the slides and share them by tonight.
슬라이드는 내가 오늘밤까지 만들어서 공유할게.

Can we schedule a quick call to go over everything?
전체 내용 한번 정리할 겸 짧게 화상 미팅할 수 있을까?

쉐리's 정리 노트

▶ 과제는 '내가 잘 아는 것'보다 '상대를 설득할 수 있는가'가 더 중요!
　글의 흐름, 팩트 꼼꼼히 점검하기

▶ 팀플은 초반 역할 분담 + 꾸준한 소통이 핵심!

▶ 나에게 맞는 공부법과 과제 페이스를 찾고, 스스로와의 약속 지키기

▶ 혼자 고민하지 말고, 교수님·튜터·라이팅 센터에 도움 요청하기

미국은 샐러드볼?!
문화적 다양성 적응

8-07.mp3

유학 초반엔 모든 게 낯설었어요. 수업 방식도 다르고, 사람들도 다르고, 작은 차이에도 스트레스를 받았죠. 특히 미국은 다양한 문화와 사람들이 섞여 있는 곳이라, 예상치 못한 순간에 문화 충격이 찾아오곤 했어요.
그런데 시간이 지나면서 다름을 이상하게 보기보다, 그냥 '다를 뿐'이라고 받아들이는 마음이 생기더라고요. 그렇게 조금씩 적응하면서 이곳도 점점 내 공간처럼 느껴졌어요.

문화 충격 넘기는 팁

1 fake nice에 상처받지 않기

미국에선 스몰토크가 일상이어서, 처음 본 사람도 이런 말 자주 해요.

Let's grab coffee sometime!
나중에 커피 한잔 하자!

We should hang out again soon!
또 만나자!

이런 말을 들으면 친해졌다고 느낄 수 있지만, 막상 다음에 만나면 어색하거나 처음 보는 사람처럼 대할 때도 있어요.
이걸 fake nice라고 부르는데, 예의상 또는 사교적으로 보이기 위해 건네는 형식적인 상냥함이에요. 우리의 "밥 한번 먹자~"처럼 문화적 표현으로 가볍게 넘기는 게 마음 편해요.

2 다름을 이해하기

처음엔 어떤 말이나 행동이 무례하게 느껴질 수도 있어요. 그럴 땐 "이 문화에선 그런가 보다" 하고 넘기세요. It's not wrong, it's just different! 틀린 게 아니라 다른 거예요.

Is this how it's usually done here?   여기선 보통 이렇게 해?
Is that a common thing to say here?   여기선 그런 말 흔히 써?

3 실수했을 땐 가볍게 넘기기

문화 차이에서 실수는 누구나 해요. 가볍게 사과하면 대부분 No worries! 하며 웃고 넘겨줘요.

Sorry! I'm still getting used to things here.
미안해! 아직 여기 문화에 익숙해지는 중이라서.

다양성 존중을 위해 피해야 할 말들

❌ **Where are you really from?** 진짜 고향이 어디야?
겉모습만 보고 출신을 단정하는 말로, 인종차별적 오해를 살 수 있어요.

Where did you grow up?   어디서 자랐어?
What's your cultural background?   어떤 문화에서 자랐어?

❌ **You don't look Korean/Chinese.** 한국인/중국인처럼 안 생겼네.
외모에 대한 언급은 피하는 게 좋아요. 이야기나 경험에 집중해 주세요.

That's so interesting—did you grow up in Korea?
정말 흥미롭네! 한국에서 자랐어?

What was it like growing up in Korea?
한국에서 자란 건 어땠어?

❌ **That's weird.**　그거 이상하네.
내 기준으로 타 문화를 평가하면 무례하게 들릴 수 있어요.

That's different—I've never heard of that!
신기하네, 처음 들어봐!

❌ **Your English is so good!**　영어 정말 잘한다!
상대를 '외국인'으로 구분 짓는 인상을 줄 수 있어요.

Taking classes in a second language must be tough. I respect that.
다른 언어로 수업 듣는 거 쉽지 않을 텐데, 존경스럽다.

❌ **You people always...**　너희 나라 사람들은 항상…
한 사람을 특정 집단 전체로 일반화하면 안 돼요.

Some people I've met from [나라] said…. Is that true for you too?
내가 만난 [나라] 사람들은 …라고 하던데, 너도 그래?

쉐리's 정리 노트

- ▶ 문화 차이를 평가하기보다 이해하려는 시선으로 바라보기
- ▶ 외모나 출신을 단정 짓기보다, 경험과 이야기로 대화 열기
- ▶ 낯선 표현이나 행동은 직접 물어보며 자연스럽게 배워가기
- ▶ 어색하거나 실수한 순간은 가볍게 넘기고 유연하게 반응하기

혼자 있는 시간, 외롭지 않게 보내는 법

8-08.mp3

유학 생활은 늘 바쁘고 활기찰 것 같지만, 의외로 혼자 있는 시간이 많아요. 특히 주말에 약속이 없거나 한국과 시차가 맞지 않아 연락할 사람이 없을 땐 괜히 허전해지죠. "지금 한국에 있었으면 누구랑 뭐 하고 있었을까?" 같은 생각도 들고요.

하지만 혼자 있는 시간도 '의미 있게 보내는 연습'이 필요해요. 이번엔 저를 포함한 유학생들이 실제로 실천해온, 외로움을 덜어주는 루틴을 소개합니다.

혼자만의 시간을 보내는 루틴들

1 혼밥이라도, 바깥 공기로 환기하기

집에만 있으면 더 외로워져요. 파머스마켓이나 캠퍼스 근처 카페처럼 사람들 사이에 머무를 수 있는 곳에서 한 끼만 먹어도 기분이 환기돼요.

2 조용한 배경 소음 속에 나를 두기

도서관, 코워킹 스페이스, 북카페처럼 대화는 없지만 살아 있는 소리가 흐르는 공간이 생각보다 큰 위로가 돼요.

3 혼자 놀기 루틴 정하기

유튜브 브이로그 따라 하기, 영어 일기 쓰기, 산책 코스 탐색 등 가볍게 시작할 수 있는 활동을 정해두세요.

4 한국 친구와 연락 루틴 만들기

시차가 맞는 시간을 정해 격주나 매주 통화 시간을 약속했어요. '언제 연락할까' 고민이 줄고, 연결돼 있다는 안정감도 생겨요.

5 커뮤니티나 클럽에 발 들여보기

영어 대화 모임, 취미 동아리도 괜찮아요. 한번 가보면 다음이 쉬워져요.

외로움을 다룰 때 떠올렸던 말들

It's okay to feel this way—this is all part of adjusting.
이렇게 느끼는 것도 괜찮아. 이 모든 게 적응 과정의 일부야.

I don't have to figure everything out at once.
모든 걸 한 번에 해결할 필요는 없어.

Look how far I've come already.
나, 벌써 여기까지 잘해 왔잖아.

I might feel alone, but I'm not actually alone.
외롭게 느껴질 수 있지만, 사실 혼자인 건 아니야.

I'm not the only one going through this.
이런 일 겪고 있는 사람이 나만은 아니야.

쉐리's 정리 노트

▶ 외로움을 감추기보다, 자연스러운 감정으로 받아들이기

▶ 혼자 있는 시간을 '무의미한 시간'이 아닌, '내가 주도하는 시간'으로 바꾸기

▶ 집밖으로 나갈 수 있는 작고 실현 가능한 계획 만들기

▶ 한국 친구와의 연결 고리를 루틴처럼 유지하기